Entre ossos, indagações e emoções:
uma livre reflexão sobre o humano

Entre ossos, indagações e emoções:
uma livre reflexão sobre o humano

Francisco Caruso

Copyright © 2024 Francisco Caruso
1ª Edição

Direção editorial
Victor Pereira Marinho
José Roberto Marinho

Projeto gráfico e diagramação
Francisco Caruso

Capa
Fabrício Ribeiro

Edição revisada segundo o Novo Acordo Ortográfico da Língua Portuguesa

Dados Internacionais de Catalogação na Publicação (CIP)
(Câmara Brasileira do Livro, SP, Brasil)

Caruso, Francisco
 Entre ossos, indagações e emoções: uma livre reflexão sobre o humano /
Francisco Caruso. – São Paulo: LF Editorial, 2024.

Bibliografia.
ISBN: 978-65-5563-491-4

1. Conhecimento (Filosofia) 2. Evolução humana - Filosofia 3. Filosofia 4. Humanidade 5. Vida (Filosofia) I. Título.

24-225666 CDD-100

Índices para catálogo sistemático:
1. Filosofia 100

Eliane de Freitas Leite - Bibliotecária - CRB 8/8415

Todos os direitos reservados. Nenhuma parte desta obra poderá ser reproduzida sejam quais forem os meios empregados sem a permissão da Editora.
Aos infratores aplicam-se as sanções previstas nos artigos 102, 104, 106 e 107 da Lei Nº 9.610, de 19 de fevereiro de 1998

LF Editorial
www.livrariadafisica.com.br
www.lfeditorial.com.br
(11) 2648-6666 | Loja do Instituto
de Física da USP
(11) 3936-3413 | Editora

Dedicado à memória dos amigos Luiz Fernando Ferreira & Adauto José de Araújo, com os quais adoraria ter conversado sobre o tema deste ensaio.

O único sentido da vida é servir à humanidade [...].

Liev Tolstói

Amor e compaixão são necessidades, não luxos. Sem eles a humanidade não pode sobreviver.

Dalai Lama

Prefácio

Uma caverna, um local distante, pessoas e um mistério. Poderia ser o Mito da Caverna, alegoria apresentada por Platão em *A República*. De forma similar, assim é o novo livro de Francisco Caruso, em que a partir da descoberta de centenas de ossos fósseis, numa caverna da África do Sul, nos é apresentada uma densa reflexão sobre o significado do humano. Os elementos comuns com o Mito da Caverna não são acaso, pois ambos estão centrados na busca pelo conhecimento.

O livro *Entre ossos, indagações e emoções: uma livre reflexão sobre o humano* nos conduz inicialmente a uma ciência marcada pela física dos átomos que datam, medições milimétricas de ossos, comparações analíticas intermináveis e controvérsias científicas, que são em geral desconexas da realidade. A descoberta paleontológica de ossos humanos datados em cerca de 300 mil anos é a partida para uma análise do que é um ser humano. É então demonstrado, que a dificuldade em se definir o significado de humanidade encontra-se nos critérios que embasam ciências como a Paleontologia, Geologia e Astronomia, as quais demandam uma interminável necessidade de dados físicos que demonstrem pressupostos de grande complexidade. Porém, o que poderia ser duvidoso para sempre, num limite entre a ciência e a ficção, muitas vezes mostra-se passível de investigação, experimentação e até mesmo com dados tangíveis resultantes de novas descobertas materiais e técnicas analíticas.

Os **Ossos**, base para a descoberta de uma nova espécie fóssil humana, podem também ser compreendidos como uma metáfora para o cartesianismo científico, a esterilidade e impessoalidade do conhecimento. As **Indagações** estão centradas naquilo que é a grande questão humana e que está no cerne do sentido da própria existência. E o mais importante, as **Emoções**, proposta central deste ensaio, no qual há a subversão da ciência contemporânea, através de sua reconexão com as humanidades, na busca de uma explicação diferenciada para o sentido do que é um ser humano.

Um hominídeo, reconhecido por fósseis encontrados numa gruta do interior da África do Sul, que, apesar de seus aspectos morfológicos tão distintos, possuía rituais e representações simbólicas que até então se acreditavam exclusivos de nossa espécie. Sepultamento dos mortos, grafismos registrados em petróglifos, domínio do fogo e a produção de ferramentas líticas demonstram que, apesar de seu pequeno cérebro, *Homo naledi* tinha comportamentos complexos e culturais semelhantes aos de *Homo sapiens*. Especialmente, a representação de imagens simbólicas associadas a rituais de sepultamento, estão no cerne do sentido humano. A transcendência, o entendimento do significado do tempo da vida, conjugados com outros aspectos do raciocínio abstrato, demonstram que a interpretação do sentido do humano não pode estar baseada numa simples definição de formas e consciência própria da existência, numa exclusividade da espécie "sapiens" ainda vivente. Fomos muitos ao longo do tempo geológico, como uma grande família de primos, tios e avós que transmitem características únicas e que nos tornam quem somos. Ser humano é ser memória, de onde viemos, onde estamos e das escolhas que podemos fazer para nosso futuro. Humano é buscar sentido para a existência.

Como toda boa novidade, *Homo naledi* é um fator de instabilidade. Demonstra como a pesquisa científica pode se mostrar instável a partir da descoberta de um novo fóssil. Apesar das novidades serem o grande sentido da própria existência, por vezes sua compreensão para uma nova etapa de reflexão, não é facilmente apreendida. Assim, o livro aborda os dogmas do conhecimento científico, o tecnicismo e as dificuldades de entendimento do novo, de outras possibilidades e hipóteses para a organização de nossas ideias e a compreensão do significado da própria vida. A narrativa apresentada busca a reflexão sobre os conflitos do conhecimento, os preconceitos humanos e de como se estabelece a segmentação do pensamento científico contemporâneo resultando na resistência aos discursos interdisciplinares.

Imagina-se em geral a existência de uma linha contínua de transformações que resultaria num ápice da evolução humana e estaria materializada pela nossa existência. Uma reprodução e adequação do criacionismo, através do direcionamento da evolução na busca pela perfeição. Nada mais enganoso. Somos o produto do tempo, das mudanças, da existência condicionada por acasos que nos transformaram em um dos membros de uma grande família. No caso de *Homo naledi*, com seu cérebro minúsculo, sua humanidade é revelada pelas mãos. Foram elas que possibilitaram a eternidade de sua criatividade e imaginação gravadas em símbolos rupestres. Através das mãos, que realizaram os sepultamentos no interior de uma caverna, materializaram seus sentimentos de empatia e de registro da memória. São como nós, que eternizamos memórias através da Arte, símbolos, das palavras escritas e ditas, e principalmente por meio de nossos atos.

E assim, Francisco Caruso nos atinge com seu texto sensível e profundo, como um contador de histórias. Histórias conectadas pela matemática, física, filosofia, arte e literatura. Uma verdadeira comunhão entre o conhecimento da ciência e a poética da vida, capacidade que somente grandes seres humanos podem nos proporcionar.

Ismar de Souza Carvalho
Professor e Diretor da Casa da Ciência – UFRJ

Rio de Janeiro, 3 de agosto de 2024

Algumas palavras

Aqui se revela uma história de alguns segredos expostos, há pouco tempo, por uma misteriosa caverna. Estima-se que tenham ficado guardados por um período muito longo, algo entre 240 e 350 mil anos. É uma narrativa que ganha vida como um palimpsesto, ao se sobrepor à outra difundida no documentário *Caverna de Ossos*, da série *Explorando o Desconhecido* [1]. Quase impossível não ficar impactado pelo seu roteiro, pois levanta inúmeras questões intrigantes sobre a evolução humana e, inclusive, no que se refere à própria definição de *humano*.

Mais do que pela razão formal e analítica, este relato é guiado pela poética do tempo arcaico, ou seja, é levado pela emoção de vislumbrar raízes da natureza humana, tão distantes – pré-históricas –, e pelo fascínio de muitas das indagações interdisciplinares e desafiadoras postas aqui em destaque. É, em última análise, um breve registro, uma memória tornada viva, de um devaneio acerca do conceito de *ser* humano [2].

É um prazer agradecer de público aos amigos Stella Maris Amadei, Roberto Moreira Xavier de Araújo, Alessandra Balbi, Mirian de Carvalho, Ismar de Souza Carvalho, Marcia Chame, Sérgio Cunha, José Ribamar Bessa Freire, João Candido Portinari, José Augusto Rodrigues, Alberto Santoro, José Alexandre da Silva (*in memoriam*), Felipe Silveira e Henrique Garcia Sobreira, pela generosa paciência em ouvir fragmentos de uma estória inacabada, que me estimulou sobremaneira, assim como pela permuta de conhecimentos e ideias, afora sugestões que contribuíram para uma maior clareza do texto; por fim, em alguns casos, pela leitura crítica de trechos de diferentes versões do manuscrito. Em especial, Bessa, Ismar, Mirian e Moreira foram ainda além, dando-me grande alegria, ao contribuírem com os belos comentários que integram e engrandecem esta edição.

Sou grato também à Direção do *Projeto Portinari* pela afável autorização permitindo que o ítem FCO-1541 de seu acervo pudesse ser reproduzido neste ensaio.

Francisco Caruso

Rio de Janeiro, 23 de agosto de 2024

Sumário

Prefácio de Ismar de Souza Carvalho — ix

Algumas palavras — xiii

1 Preâmbulo — 1

2 De ossos, fatos e suposições — 9

3 Do sepultamento — 21

4 Do fogo — 31

5 Da ferramenta — 41

6 Da arte rupestre — 51

7 Do ser humano — 89

8 Epílogo — 99

Referências Bibliográficas — 105

Posfácio de Roberto Moreira Xavier — 119

1

Preâmbulo

O pano de fundo das reflexões ora apresentadas é a relativamente recente descoberta do *Homo naledi*.[1] Uma espécie extinta, primitiva em todas as formas, com indivíduos adultos dotados de uma estatura média de cerca de 1,5 metro e um cérebro do tamanho aproximado de uma laranja, pequeno se comparado ao do homem moderno.

Uma revelação inesperada e singular, com capacidade de transcender a paleoantropologia e aventar uma plêiade de questionamentos instigantes, complexos e recorrentes, em inúmeras áreas do saber, especialmente por impactar a acepção de *humano*.

Questões fascinantes, até este momento sem respostas definitivas!

---

[1] O termo *naledi* significa "estrela" na língua Sotho (ou Soto) [3], também conhecida como Sesotho (Sesoto), uma língua Bantu falada principalmente na África do Sul, Lesoto e Botswana. O nome foi escolhido em alusão ao nome da caverna (*Estrela Nascente*) na qual o espécimen foi encontrado.

Figura 1: Crânio reconstituído do Espécimen holótipo do *Homo naledi*. Fonte: ref. [4]. Autor Berger *et al.*, 2015. *Creative Commons*.

Esse achado inédito tornou-se, ademais, em um breve lapso de tempo, um atrator de controvérsias, depois de a equipe responsável pelas pesquisas de campo afirmar ser o extinto hominídeo provido de um cérebro de dimensões bem reduzidas em referência ao do *Homo sapiens* (Figura 1) e, mesmo assim, ser apto a carregar seus mortos para um específico sistema de furnas, onde os sepultava, a gravar padrões e formas abstratas em suas paredes internas [5], afora saber acender fogueiras.

O grau de perplexidade e o fervor das discussões, desde então suscitadas, decorrem, em minha opinião, da crença profundamente difusa de que atitudes complexas como essas, conhecidas há tempos, costumam ser associadas exclusivamente aos cérebros maiores de espécies mais evoluídas.

Um cérebro volumoso, presume-se, propicia à espécie *sapiens* uma gama de competências singularmente humanas, dentre as quais a mais óbvia, provavelmente, seja a linguagem [6, 7, 8]. Não se sabe se essa nova espécie de hominídeos se comunicava com sons ou gestos, mas, no desdobramento do ensaio, espero que fique claro que os *naledi* eram capazes de se expressar simbólica e artisticamente, e ainda manifestavam outras condutas tipicamente humanas, apesar do tamanho reduzido de seu cérebro. Quanto a isso, há alguma contradição? Ou será que, à luz dessas novas evidências, esta associação direta e intuitiva entre o tamanho (ou volume) do cérebro e as faculdades do indivíduo, admitida pela Ciência, virá a ser contestada ou até reformulada?

Cabem aqui umas poucas palavras inaugurais sobre o *humano*. Aspectos biológicos (anatômicos) e comportamentais (culturais), combinados, de uma maneira imbricada e abstrusa, constituem os elementos principais para compor o perfil definidor do "ser" *humano*. Entretanto, esses mesmos aspectos, em certas circunstâncias, podem tornar esse perfil nebuloso. O termo "humano" – do latim *humanus* – designa tudo relativo ao Homem. Quando usado na Biologia, mais especificamente na classificação zoológica, diz respeito ao *Homo sapiens*, espécie considerada sem-par no gênero *Homo*. Diferencia-se dos demais primatas – ditos não humanos – e de não importa qual outro membro do reino animal, por ter elaborado uma linguagem sofisticada, desenvolvido raciocínio abstrato, produzido cultura, religião, além de demonstrar consciência de si próprio e capacidade de planejamento a longo prazo. É também suscetível de provar sentimentos antagônicos, tais como amor/ódio, bondade/maldade, piedade/crueldade *etc*. Porém, parece que os humanos não são os únicos animais a possuírem determinadas aptidões emocionais [9, 10]. De todo modo, fica a questão se todas essas habilidades do *Homo sapiens* são, obrigatoriamente, consequência do aumento de seu cérebro em relação às demais espécies do gênero *Homo*.

Não me sinto à vontade de prosseguir sem alertar o leitor sobre os equívocos e riscos de se enveredar por uma ciência do homem mormente pautada em medições rigorosas, seja de crânios, cérebros, de ossos em geral ou de qualquer outra particularidade anatômica, conforme adverte o paleontólogo e biólogo evolucionista estadunidense Stephen Jay Gould (1941-2002), no provocativo livro *A Falsa Medida do Homem* [11]. Em seu juízo, os dados quantitativos encontram-se tão sujeitos ao condicionamento cultural quanto cada característica da Ciência e, por conseguinte, têm potencial de ser desvirtuados e adotados, como desgraçadamente já se testemunhou, repetidas vezes na História, enquanto alicerce de teorias pseudocientíficas justificando o racismo e a segregação de grupos étnicos.

Se, por um lado, a Ciência lida com fatos, por outro, há múltiplos exemplos históricos em que, quando eles são recém-revelados, são de difícil assimilação em seu *corpus* de pesquisa. Via de regra, não é raro o pensamento científico contemporâneo, em face à sua crescente segmentação e particularização, deparar-se com dificuldades ao defrontar-se com um achado singular, adversidade essa acentuada à medida que é forçoso dialogar com outras áreas do conhecimento, mesmo sem abandonar a esfera científica. Um dos motivos deste tipo de obstáculo está associado a uma circunstância específica na qual especialistas, não obstante a área, se impõem – *a priori* e, certas vezes, de maneira inconsciente – limites cerceadores ao debaterem as novidades. Mantêm-se, desse jeito, em uma zona de conforto, evitando excessivas especulações, principalmente, mal se vêm compelidos a uma confrontação inter ou multidisciplinar. Esta predisposição generalizada é fruto de uma percepção quase dogmática das teorias científicas canônicas; responsável, em resumo, pelo anseio de salvaguardar a unidade e o poder explicativo-preditivo de uma teoria bem estabelecida, antes de, eventualmente, assentir que ela possa ser refutada [12, 13]. Manter o *status quo* é a tendência geral. Tudo isso é mais tangível em áreas específicas como Cosmologia, Geologia e Paleontologia, nas quais os dados experimentais são poucos e as hipóteses, muitas.

Ademais, o paleontólogo, do mesmo modo que o geólogo, o oceanógrafo e outros profissionais de áreas afins, encaram o desafio de conseguir *ler uma escrita sem palavras*, que a natureza grava em rochas, montanhas, cavernas, geleiras, leitos de rios *etc*. O conjunto integral de registros históricos de diferentes épocas e eras está aí para ser lido e decifrado pelos homens de ciência. O filósofo francês Michel Serres (1930-1919) refere-se nesses termos a essa escrita singular [14], que se passou a ler, decodificar e traduzir não faz tanto tempo:

> A erosão esculpe a montanha; as rochas preservam o momento de seu resfriamento; os estratos se acomodam em camadas como parágrafos, as paisagens passam como páginas, as falésias se assemelham a volumes; no gelo perfurado, poeira atmosférica marca a idade de sua descida; elementos radioativos fazem dedução de sua idade [...].
> Inerte ou vivo, o universo fala como nós, escreve como nós, diz e exprime como nós, cria bancos

de dados, se lembra, traduz e mesmo, por vezes, mutante, erra ou mente, mas raramente.

Do ponto de vista do desafio intelectual, que se coloca nos dias de hoje, esforços liberatórios propícios a isentar a erudição científica dos entraves apontados nos parágrafos anteriores são bem-vindos e, porventura, só emanariam de uma revalorização do Humanismo, equivalente ao ocorrido no Iluminismo, o que, por sua vez, contribuiria, é evidente, para uma maior integração de saberes.

Uma indagação mais pontual, alusiva ao tema deste ensaio, seria: – É plausível esperar, com a inclusão dos *naledi* ao gênero *Homo*, alguma dessas transformações?

O escopo preliminar do livro, em face à descoberta dos *naledi*, tem a ver com uma tentativa de remarcar as fronteiras do entendimento e do preconceito humanos, fundamentada em uma ampla e desobrigada reflexão de cunho científico-filosófico, o mais desprovida possível dessas amarras, despojada do medo de se propor conjecturas, por mais estranhas ou inalcançáveis que pareçam, evitando a típica resistência de se lançar em busca da intercâmbio de conhecimentos e competências com outras áreas do saber. Só assim se constrói um discurso interdisciplinar, um discurso que não exclua o poético enquanto atributo humano e não dizime a curiosidade sobre o desconhecido nem sobre o novo!

Outrossim, é provável, em certas circunstâncias, que o tratamento de uma temática polêmica se beneficie de contribuições de pensadores com princípios e orientações distintas. Acredito, desse modo, no futuro, ser viável certificar o interesse renovado dos jovens pela Ciência, numa perspectiva de omnilateralidade, que não exclua as relações entre as Ciências e as Artes [15, 16, 17].

A melhor maneira de resumir o intuito deste ensaio talvez seja recorrendo ao conciso comentário do matemático francês Cédric Villani (n. 1973), deveras lúcido, realista e inspirador, referindo-se à (im)possibilidade de uma compreensão total do Universo [18]:

> O Universo permanecerá incompreensível, para todo o sempre. Dele só compreendemos alguns fragmentos, e jamais poderemos aprendê-lo. Já não é um elefante explorado pelos cegos, é um baobá explorado pelos cupins (cegos, como deve ser). E é o poema último, é claro. Então, o matemático o lê sob o prisma matemático, constrói para si mesmo uma representação, inscreve o mundo na matemática e a matemática no mundo. Mas para contar esse mundo aos outros é preciso extrair-lhe histórias. Para captar a atenção, as histórias devem ser inesperadas e harmoniosas, suaves e cruéis. A figura do contador é certamente importante e universal. O contador pode ser científico ou xamânico, trata-se de uma questão de comunhão. É nosso dever contarmo-nos histórias uns aos outros [...].

É isso: aspiro ser mais um contador de histórias (Figura 2). Não um narrador matemático, como o da citação, e sim um físico de formação, com interesses históricos, filosóficos, artísticos e literários, quiçá, com a benção dos xamãs.

Possa o meu relato – inesperado, decerto, harmonioso, quem sabe – contado a começar do Capítulo 2, no entanto, não se referir ao *Universo*, mas à *Humanidade* e, portanto, em última instância, direcionado a mim. E, sobretudo, a nós, incapazes de compreender totalmente o Universo e, ainda assim, capazes de criar o conceito de *Cosmos* – convencidos e ciosos do discernimento intrínseco à natureza humana. Comecei a escrever o ensaio ainda que não tivesse um final. Há o risco (tolerável) de não engendrar uma conclusão de fato. Não importa!

Figura 2: "Conto da caça à raposa", a partir de quadro do pintor italiano Achille Glisenti (1846-1906). Gravura de Francesco Giovanni Cantagalli e G. Gamberoni em *L'Illustrazione Italiana* **53**, 26 de dezembro de 1886.

Embora ciente do espectro das minhas limitações, aspiro lograr compartilhar uma narrativa afetiva de uma jornada com a potencialidade de me fazer sonhar e, porventura, também ao leitor. Este desígnio me impele a continuá-la, construindo-a e desconstruindo-a, nem sempre com equilíbrio e sem emoção, desde que assisti, não faz tanto tempo, ao documentário *Caverna de Ossos* [1]. Um conto – não importa se aumentei um ponto – com o atributo de modificar minha concepção do que é humano e iluminar numerosas questões, especialmente quanto à pergunta para a qual, possivelmente, nunca se terá resposta: – *De onde viemos?*

2

De ossos, fatos e suposições

Era uma vez, na África do Sul, uma caverna misteriosa, situada na localidade denominada "Berço da Humanidade". Seu nome: *Estrela Nascente* (Figura 3). Ao longo de centenas de milhares de anos ela, com insistência, escondeu seus segredos do homem.

Em 2013, entretanto, essa localidade revelou ao mundo, caprichosamente, parte de seus enigmas. Uma inaudita espécie de hominídeos foi descoberta lá, pelo grupo de Lee Rogers Berger (n. 1965), paleoantropólogo sul-africano [4].

Muito provavelmente, em meio a tantos ossos e terra, nenhuma pessoa teria vislumbrado de imediato ou cogitado *a priori* que ali se depararia com tantas sutilezas, emoções e indagações sobre sua própria identidade, ou a respeito da inevitabilidade de rever o conceito de *humano*. Minha história começa aqui, no extremo sul da África, há pouco mais de uma década, mas fala de um tempo assaz remoto.

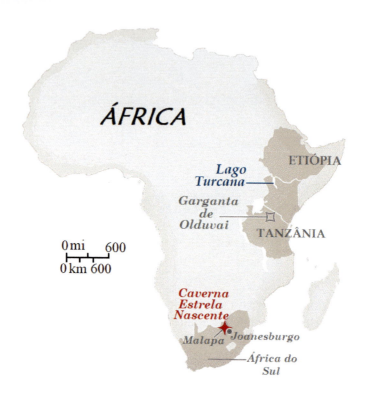

Figura 3: Localização geográfica da *Caverna Estrela Nascente*. Imagem modificada a partir de outra similar encontrada em <br.pinterest.com/pin/390335492713115818/>.

Na *Caverna Estrela Nascente*, foram identificados e catalogados 1 550 fragmentos de ossos, correspondendo a 15 criaturas de diversas idades, cujos crânios (e, por inferência, cérebros) de adultos são um pouco maiores que o de um chimpanzé, *i.e.*, em média, cerca de 1/3 do tamanho daquele de um humano moderno (Figura 4).

Esses ossos, intrinsecamente, esboçam uma crônica enigmática, suscitam sentimentos, suposições, hesitações e interrogações, dentre as quais: – Por que a totalidade deles está reunida numa mesma caverna? – Por que são todos de uma única espécie?

Análises preliminares dos esqueletos reconstruídos indicaram, em um primeiro momento, que não são de humanos, embora exibam mãos semelhantes às humanas, com polegares opositores maiores (Figura 5) [19].

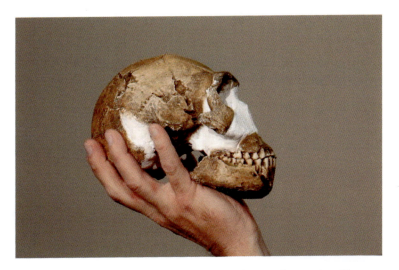

Figura 4: Detalhe de uma foto na qual o professor Lee Berger segura a réplica de um crânio do *Homo naledi* (Foto: Siphiwe Sibeko/Reuters).

Há, além destas, outras semelhanças, mas, em troca, determinadas características aparentam corresponder às dos primeiros hominídeos.

Findas todas as ponderações, esses indivíduos foram incluídos no gênero *Homo*, tendo recebido a denominação de *Homo naledi*.

Em certa altura do documentário, cogita-se o que sucederia se fosse viável ficar cara a cara com um indivíduo *naledi*. Esse *tête-à-tête* hipotético despertaria sentimentos, ou haveria mais elementos a nos conectar?

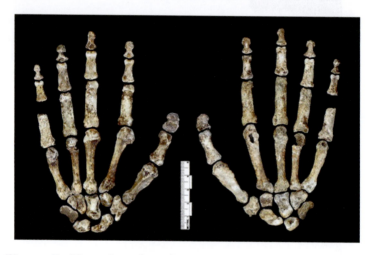

Figura 5: Vista da palma (imagem à esquerda) e do dorso da mão direita (à direita) do *Homo naledi*. Ela tem um formato bem parecido ao da mão humana, até mesmo nas proporções dos dedos, mas seus ossos curvos e o polegar forte diferenciam-na desta última. Fonte: ref. [4]. Autor Berger *et al.*, 2015. *Creative Commons*.

Possivelmente, a Figura 6 ajude, de algum modo, a se ter um *insight* da perplexidade e da emoção envolvidas nesse momento mágico de encontro com um antepassado, pois dá concretude a seu rosto, justapondo-se ao crânio, com perícia, o que se desvaneceu no tempo: carne e pele. Nela, se expõe uma reprodução artística, baseada na estrutura óssea dos fósseis encontrados, da cabeça do *Homo naledi* [20].[2]

---

[2] Além da modelagem da cabeça do *Homo naledi*, trazida na Figura 6, outra, igualmente impressionante, foi feita pelo paleoartista norte-americano John Gurche (n. 1951), que passou cer-

Figura 6: Reconstituição facial do *Homo naledi*, preparada pelo *designer* 3D brasileiro Cícero Moraes (n. 1982) *et alli* (Arc-Team) [20] e validada do ponto de vista científico por pesquisadores da Universidade de Pádua. *Creative Commons*.

Ainda sobre sentimentos que de encontros com ancestrais tão heterogêneos podem aflorar, inevitavelmente, lembrei-me da indescritível cena que havia visto em um vídeo [21], envolta em emoções recíprocas, do derradeiro abraço, de despedida, entre a matriarca chimpanzé "Mama", assaz doente e apática aos 59 anos, e seu conhe-

---

ca de 700 horas recriando-a, levando em conta imagens ósseas disponíveis, pode ser vista no *site* `https://edition.cnn.com/2023/06/05/world/homo-naledi-burials-carvings-scn/index.html`. Acesso em 27 de julho de 2024.

cido de longa data "Jan", Johan Antoon Reinier Alex Maria van Hooff (n. 1936), biólogo e primatólogo holandês, asseverando um apreço mútuo comovente entre dois primatas tão distantes [9].

De volta ao documentário *Caverna de Ossos*, em determinado ponto, o locutor indaga se o olhar do *Homo naledi* poderia dizer ao homem contemporâneo muita coisa relativamente às diferenças e semelhanças entre ambos. Neste sentido, ainda com referência ao olhar dos primatas, a observação a seguir, do antropólogo e geólogo britânico Robert Andrew Foley (n. 1953), registra o que, para tantos, é imponderável [22]:

> A compaixão inspirada pela humanidade latente que espreita nos olhos de um gorila é testemunho das estreitas afinidades que os humanos têm com os macacos. E, no entanto, é bem fácil perceber a magnitude da distância, ao compararmos as rudes vocalizações de um chimpanzé com a poesia de Shakespeare.

Não é excessivo imaginar que mais afinidades seriam acolhidas dos olhos de um *naledi*. O primatologista e antropólogo norte-americano Agustín Fuentes (n. 1966), por exemplo, está convicto da existência de laços de amor e carinho entre o homem e o *Homo naledi* e se questiona: *– É isso que significa ser humano?*

Em meio a inúmeros ossos esparsos, um detalhe, em especial, chamou a atenção dos cientistas [1]: os restos mortais de um corpo em um buraco oval no solo. Uma *sepultura*, à primeira vista (Capítulo 3). Até esse momento, pressupunha-se que sepultar seus congêneres era uma prática adotada exclusivamente pelos humanos. Inumar é um ritual, que importa deferência, por meio do qual se presta um tributo ao semelhante falecido.

Os mais antigos sepultamentos humanos registrados, até então, ocorreram na Caverna Qafzeh, em Nazaré, Israel, entre 100 a 130 mil anos atrás (Figura 7) [23].

Figura 7: Ossos humanos fossilizados localizados na caverna Qafzeh, em Israel. Este pode ser um enterro ritual de uma mãe com seu filho (à direita). Acredita-se que esses ossos tenham cerca de 100 mil anos de idade e são alguns dos primeiros espécimes notórios de *Homo sapiens sapiens*, humanos anatomicamente modernos. Fonte: Ref. [24].

Conquanto nada se conheça no tocante ao estilo de vida do *Homo naledi*, supõe-se agora que, assaz antes dos humanos, em um intervalo de 250 a 335 mil anos atrás [25], eles já sepultavam seus mortos.[3] Essas estimativas de datação implicam a revisão do instante de aparição dessa prática, atribuindo-lhe um marco atualizado, *i.e.*, retrocedendo, ao menos, de 120 a 150 mil anos na História. No documentário, Fuentes declara ter sido sentimental sua reação instintiva a essa descoberta, ao

---

[3] Estimou-se, inicialmente, seu aparecimento em cerca de 2 milhões de anos por conta da morfologia. Entretanto, análises dos restos, concluídas em 2017, indicam terem os exemplares investigados vivido entre 236 mil e 335 mil anos, em coincidência com o período no qual, admite-se, o *Homo sapiens* teria evoluído na África subsaariana.

levantar a dúvida: – *O que significa "ser" humano, se outras espécies também sepultam seus corpos?*

Em 2018, houve uma escavação na câmara Dinaledi da caverna *Estrela Nascente* e outra sepultura foi identificada. Neste espaçoso salão, depararam-se, ademais, com resquícios de uma modesta fogueira de 250 mil anos atrás, contendo um diminuto osso queimado, aparentemente de um pequeno antílope. Os *naledi*, portanto, dominavam o fogo e comiam carne de animais caçados.

Um bloco, encerrando o fóssil recém-achado, foi talhado, separado do solo e envolto em gesso. Desse jeito, foi factível ser retirado com segurança da câmara. A datação das duas covas foi estimada entre 236 e 355 mil anos antes do presente. Apesar de a definição da imagem não ser boa, um tomógrafo de um hospital próximo revelou o corpo de uma criança em posição fetal, reputado, *per se*, uma rara revelação arqueológica.

Mais tarde, os pesquisadores transportaram este bloco até o Centro de Radiação Ciclotrônica da Europa, em Grenoble [26]. Com o apreciável ganho em resolução nas imagens lá geradas, conseguiu-se ver que, internamente, existia uma pedra misteriosa, similar a uma ferramenta e, o mais interessante, ela tinha sido posicionada com cautela na mão do esqueleto, como se fosse ser usada ulteriormente. Sua aparência era de uma faca (lâmina) bem afiada.[4] Até então, não havia uma ligação concreta entre os *naledi* e qualquer variedade de ferramental.

Sobre os símbolos entalhados em determinadas paredes da câmara Dinaledi, os cientistas compararam esses, produzidos pelos indivíduos da espécie *naledi* [27]

---

[4] Essa constatação torna esse fóssil ainda mais raro.

com os criados por sujeitos da espécie *neanderthalensis*, numa caverna no sul da Espanha, em Gibraltar, há cerca de 200 mil anos. Outra confrontação foi empreendida com os desenhos criados pelo *Homo sapiens* na caverna de Blombos, na África do Sul, há aproximadamente 80 mil anos. As conclusões desses cotejos serão anunciadas no Capítulo 5. E então, teriam os *naledi* feito Arte?

O documentário registra, *en passant,* a especulação, vinda de Berger, de que esta habilidade possa ser proveniente de algum tipo de consciência genética. Esse ponto será refutado mais adiante, também no Capítulo 5.

Ademais, assevera-se, no mesmo documentário, que vários membros do gênero *Homo* foram localizados, mundo afora, nos últimos 2,5 milhões de anos. Essa assertiva tem respaldo científico nos potenciais caminhos na evolução da linhagem humana, de acordo com a *Encyclopædia Britannica* [28], e resume-se na linha do tempo reproduzida na Figura 8.

No entanto, em todo caso, é inevitável ter em mente o quanto essa linha do tempo – ou outra parecida – é imprecisa e incompleta. A incompletude é irremediável, posto que se baseia em evidências científicas. Um único exemplo, salientado a seguir, deve bastar para ilustrar a afirmação referente a essa imprecisão e incompletude.

Em 2017, foi encontrado o mais antigo fóssil de um *Homo sapiens*, com idade estimada entre 280 e 350 mil anos,[5] numa região pertencente hoje ao Marrocos [29,

---

[5] Isso indica que o *Homo sapiens* teria surgido há mais de 100 mil anos antes do que se imaginava. Até essa descoberta, a maioria dos investigadores situava as origens da nossa espécie, na África Oriental, há cerca de 200 mil anos.

30, 31, 32], o que justifica o intervalo de plausível presença de nossa espécie demarcado na Figura 8.

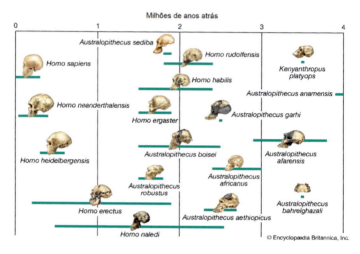

Figura 8: Diagrama da trajetória evolutiva dos humanos, nos precedentes 4 milhões de anos. Fonte: *Encyclopædia Britannica (online)*.

Entretanto, ainda em conformidade com este gráfico, o *Homo naledi* foi quem vagou por mais tempo na Terra, e teria despontado há dois milhões e meio de anos e não simplesmente vivido no intervalo restrito de 236 a 355 mil anos atrás, como previsto com base nas escavações na câmara Dinaledi, conforme citado no documentário. Haveria, confirmado esse cenário divulgado pela *Britannica*, uma coexistência, em distintas regiões terrestres, do *Homo sapiens* e do *Homo naledi* num decurso relativamente curto na escala evolutiva.[6]

---

[6] Para uma leitura introdutória sobre a ocupação do planeta pelos numerosos ancestrais, sugiro o Capítulo 2, da Ref. [33], intitulado "A conquista do globo".

A mensagem final do documentário, que tem meu endosso, é esta: as descobertas aqui divulgadas sugerem uma cultura de outra espécie, inteiramente merecedora de nosso respeito!

Conforme já declarei, essa produção me impressionou intensamente, inclusive pelo que não abordou. Ficaram em aberto indagações com predicado de despertar a curiosidade de quem quer que seja, tais como: onde moravam esses hominídeos?; por que não foram avistadas outras ferramentas ou encontrados utensílios de outra variedade?; por que a escolha de um lugar de tão complicado acesso para transportar e encerrar os cadáveres?; por que foram extintos?

Só o futuro dirá se aquela região, algum dia, vai descerrar mais alguns mistérios encobertos há milênios para o escrutínio humano. Nesse ínterim, que se possa sonhar e se emocionar com aqueles hominídeos e suas expressivas conquistas.

Uma derradeira ponderação se faz ainda oportuna, antes de seguir com a porção reflexiva do meu raconto.

No progresso científico, como continuamente acontece e como, a rigor, é imperativo que seja, há questionamentos constantes, ao passo que os acontecimentos (únicos) recebem interpretações teóricas distintas.[7] Deste debate, em busca da verdade, a Ciência se nutre e assim evolui. Não se poderia esperar nada diferen-

---

[7] Neste sentido, o físico brasileiro Cesare Mansueto Giulio Lattes (1924-2005) gostava de afirmar o seguinte: "Toda teoria é provisória, até que aparece outra melhor, mas o resultado empírico não é provisório. Pode aparecer um com maior precisão. Por isso digo: vai aprender suas lições na natureza" [34].

te, com vinculação aos descobrimentos aqui descritos. Deveras, quanto a algumas de suas interpretações é compulsório registrar a presença de discordâncias na literatura científica [35, 36]. Exemplificando, há quem sustente não serem suficientemente convincentes os indicativos noticiados até hoje para apoiar o enterro intencionado dos falecidos pelo *Homo naledi*, nem que eles tenham sido os autores das supostas gravações rupestres [35]. Questionando, basicamente, o limitado número de técnicas até agora empregadas, esses mesmos críticos fazem esta objeção:

> [...] os investigadores não empregaram a ampla gama de métodos científicos (por exemplo, cronologia, tafonomia, sedimentologia, micromorfologia, geoquímica) concebidos para responder às questões colocadas, nem aplicaram os princípios básicos da arqueotanatologia para identificar um sepultamento deliberado.[8]

Decerto, nessa crítica, embora pertinente, há um excesso de tecnicismo.

Uma vez que, até onde eu saiba, não há, ademais, qualquer objeção de fraude ou indício de má fé, seguirei com minha história, cuja veracidade será ou não atestada após diversificados e exaustivos embates técnico-científicos.

---

[8] "[...] the investigators have not employed the wide range of scientific methods (e.g., chronology, taphonomy, sedimentology, micromorphology, geochemistry) designed to answer the questions posed nor applied the basic principles of archeothanatology to identify a deliberate burial". Tradução do autor do ensaio.

3
Do sepultamento

Durante a pandemia de COVID-19, a revista *Forbes* publicou um artigo no qual o autor alega que, há alguns anos, a antropóloga cultural norte-americana Margaret Mead (1901-1978), tendo sido interpelada por um estudante sobre qual seria, em seu entendimento, o sinal inicial de civilização em uma cultura, teria respondido com essas palavras[9] [37]:

> A primeira evidência de civilização foi um fêmur fraturado de 15 000 anos encontrado em um sítio arqueológico. O fêmur é o osso mais longo do corpo, ligando o quadril ao joelho. Em sociedades sem os benefícios da medicina moderna, leva cerca de seis semanas de descanso para a cicatrização de uma fratura de fêmur. Este osso em particular foi quebrado e curado.

---

[9] "First evidence of civilization was a 15,000 years old fractured femur found in an archaeological site. A femur is the longest bone in the body, linking hip to knee. In societies without the benefits of modern medicine, it takes about six weeks of rest for a fractured femur to heal. This particular bone had been broken and had healed". Tradução minha.

Cerca de dois anos depois, outro texto publicado desmentiria a lavra da afirmativa supracitada [38].

Todavia, da perspectiva deste narrador de histórias, esse preâmbulo foi deliberadamente citado aqui simplesmente para captar a atenção do leitor ou do ouvinte, ao despertar nele certa perplexidade em face a uma resposta sagaz, inesperada, dada a uma indagação arguta. De fato, sobre a declaração imputada à Mead, parafraseando os italianos, pode-se afiançar que *se non è vera, è ben trovata*. Trata-se de uma ideia original, que não envergonharia ninguém. Por trás dela esconde-se a sugestão de que a *solidariedade* talvez seja o primeiro passo civilizatório. Efetivamente, até a refutação de autoria, julgava uma observação perspicaz e verossímil, com a qual concordava, antes de assistir ao documentário *Caverna de Ossos*. Não sendo os cuidados envolvidos na recuperação de um fêmur fraturado o indício preliminar de civilização, qual seria? Hoje, simplificando bastante, estou dividido entre qual das seguintes contingências aceitar, no tocante à gênese da Humanidade: a instauração da prática de sepultamento, o domínio do fogo ou o início da produção de Arte. Em todas parece haver o toque original das mãos dos *naledi*. Ou a capacidade de contar histórias é mais uma alternativa?

Recordando, em 2021, colaboradores de Lee Berger depararam-se, no interior de uma câmara com acesso extremamente dificultoso, com o fóssil de uma criança *naledi*, aparentando ter sido posicionado na porção superior de uma formação em prateleiras. A equipe interpretou o vestígio como um enterro proposital (Figura 9).

Em julho de 2023, os cientistas do grupo de Berger publicaram uma complementação a seus resultados prévios, no artigo *Evidence for deliberate burial of the dead by* Homo naledi, no formato de *preprint* [39]. Pelo relato, inúmeros esqueletos foram enterrados no piso da caverna, aumentando as indicações de costumes funerários. Entretanto, alguns cientistas da área foram críticos quanto a este *paper*, reclamando da disseminação das conclusões previamente ao julgamento do artigo por pares. Apontaram, outrossim, que as pesquisas não atendem determinados padrões de qualidade e, aliás, faltam informações relevantes para conduzirem a certas conclusões [40, 41]. Posta esta ressalva, convém aqui uma apreciação genérica sobre os funerais, em relação à qual a revelação dos *naledi* tem impacto.

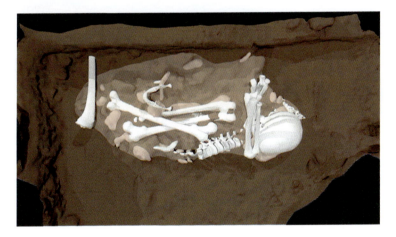

Figura 9: Reconstrução digital artística do sepultamento de um *Homo naledi* adulto, encontrado na Câmara Dinaledi. Fonte: Ref. [42].

As sociedades humanas têm modos bem específicos de lidar com seus cadáveres. Concretamente, o filósofo-poeta francês Gaston Bachelard (1884-1962) atribui ao dramaturgo e romancista conterrâneo Xavier-Boniface Saintine (1798-1865) [43] o enunciado de uma lei denominada pelo primeiro de *lei das quatro pátrias da Morte* [44]. Nítida alusão ao imaginário dos quatro elementos naturais da filosofia de Empédocles: *terra, água, ar* e *fogo*. Há, portanto, segundo o autor, quatro tipos de exéquias, desde tempos imemoriais até hoje; quatro meios distintos de restituir os restos mortais dos seres viventes à natureza, seja por meio da terra, da água (Figura 10), do ar (Figura 11) ou do fogo.

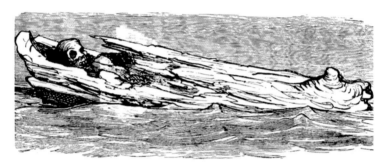

Figura 10: Ilustração do pintor e desenhista francês Gustave Doré (1832-1883) sobre um dos quatro modos de lidar com corpo humano após a morte, que se encontra na referida obra de Saintine [43], p. 20.

Ao antecipar a prática humana de enterrar os cadáveres, o *Homo naledi* está corroborando uma parcela dessa compreensão (referente à *terra*), originalmente engendrada examinando não mais que o hábito do *Homo sapiens*. Nessa circunstância, o sintagma *tempos imemoriais*, tomado aqui vagamente como um artifício retórico, ganha agora uma extensão temporal concreta – e cientificamente respaldada – de cerca, pelo menos, de 350 mil anos!

Figura 11: Idem, p. 18.

De volta aos *naledi*, outras perguntas se originam da ratificação de um sepultamento tão anterior ao enterro humano primário do qual se tinha notícia (Figura 7). Seria este um indicativo extemporâneo de algum tipo de religiosidade? Haveria, naquela linhagem tão distante, uma crença em qualquer coisa em seguida ao falecimento? A inumação (ou seria um funeral?), tipificada como ação coletiva, contando, supostamente, com a participação de umas cinco pessoas, era um tipo precoce de preparação para uma transição da vida para uma existência acolá da morte? Ou um simples ato de despedida ou de celebração em memória de um falecido membro do grupo?

Alguém, com um pensamento pragmático e objetivo, argumentaria que o enterramento se limita tão-somente a evitar que se presencie a decomposição do corpo de um ente querido, uma decorrência natural do falecimento, ou tem a intenção de proteger os corpos da ação de animais necrófagos. Todas são suposições plausíveis, *a priori*. Contudo, *a posteriori*, há um considerável diferencial, neste caso específico, impossível de ser negligenciado, o qual, *per se*, nos afasta de algumas dessas especulações: a ferramenta, ao que aparenta, proposital e delicadamente posta na mão do jovem finado ao ser enterrado.

Primeiramente, não era tão fácil construir uma ferramenta lítica rústica naquela época. Devia, por conseguinte, ser um bem valioso para o grupo. Logo, "perder" uma – que fosse – necessitaria ser aceitável em prol de um benefício com uma significação coletiva maior.

A título de um comentário complementar, sabe-se hoje que os faraós egípcios, líderes de uma civilização reconhecidamente avançada, há cerca de 5 000 anos, eram enterrados com água, alimentos, jóias e outros bens, até mesmo escravos, em algumas situações, com a convicção de que tudo aquilo lhes seria útil depois do óbito. Consoante ao sistema de crenças egípcio, a morte consistia em um processo no qual a alma se desprendia do corpo. Sendo ele concebido como a morada da alma, havia uma profunda preocupação em conservá-lo recorrendo à mumificação dos falecidos pertencentes a certa elite. Deste jeito, eles julgavam ser o decesso um estágio de transição para outra existência e cabia aos vivos cuidarem das provisões destinadas a assegurar uma boa viagem para esse outro mundo. O *Livro dos Mortos*, colocado na câmara mortuária do falecido, continha um conjunto variável de textos religiosos e feitiços mágicos para auxiliar a jornada do morto pelo submundo e em sua vida *post mortem*.

Embora não haja parâmetros de comparação entre as duas culturas e não se tenha nenhum vislumbre de como os *naledi* concebiam o pós-morte, aquela ferramenta na mão do jovem falecido me parece ser compatível, no mínimo, com a expectativa de que ela possa (ou precise) ser usada. Onde, quando? Numa jornada acolá do perecimento? Haveria um lugar e um tempo para os mortos? Não sei e, presumivelmente, jamais saberei, mas é uma possibilidade que me apraz cogitar. Ainda assim, a incapacidade de discernimento de como eles percebiam a morte não impede uma ulterior indagação: – Com qual intenção a ferramenta foi ofertada ao defunto?

Intrigante demais para mim, nesse contexto, é a circunstância de a *ferramenta* ser a *única* coisa a acompanhá-lo. Não se trata de uma arma para protegê-lo ou para lhe facultar "caçar" para "sobreviver" nessa hipotética "viagem" para o além-túmulo. O exemplar escolhido aparenta ter a função exclusiva de gravar pictogramas em paredes rochosas, de representar animais, desenhar signos, enfim, de se manifestar e se intercomunicar, de algum jeito. Envolve, portanto, um propósito impalpável, de tendência intelectual e artística, certamente não prático, sugerindo uma sofisticação cultural, avalista do fazer artístico e do almejar a perpetuação da Arte.

Para além de procurar suprir eventuais demandas técnicas hodiernas, análogas às necessárias a uma pessoa viva destinada a uma peregrinação, vejo, nesse ato de dispor essa específica ferramenta na mão do cadáver, um anseio e, concomitantemente, uma certificação do quanto, para o *Homo naledi*, a arte transcenda a vida.

Um traço indiscutivelmente notável daquela etnia dita primitiva, o qual remete à máxima do filósofo prussiano Friedrich Wilhelm Nietzsche (1844-1900): "*Temos a arte para não sucumbir à verdade*" [45];[10] ou, se preferir, conforme dizia o poeta brasileiro Ferreira Gullar (1930-2016): "*A arte existe por que a vida não basta*" [46].

Por outro lado, talvez não por acaso, é fato que os painéis nos quais há gravações na *Caverna Estrela Nascente* estão dispostos exatamente em frente ao local das sepulturas. Haveria uma vinculação entre as duas coisas? Os petróglifos são uma clara vontade de eternizar imagens e símbolos. Mas com qual finalidade? Elas se conectariam, de algum modo, ao falecimento? Ou esses sinais gravados seriam mensagens gerais aos que eventualmente visitassem aquele espaço? Por fim, o jovem enterrado já havia sido introduzido tão cedo na "arte" de obrar gravações em pedra, ou ainda a "aprenderia" posteriormente ao seu decesso?

De toda sorte, pelo apresentado até aqui, o ato de sepultar afigura-se, no mínimo, como uma manifestação comunitária de afeição pelo próximo. Uma exterioriza-

---

[10] Traduzido pelo autor do ensaio com base na versão em inglês da Ref. [45]: "We possess *art* lest we *perish of the truth*", cotejando-a com o original: *Wir haben die Kunst, damit wir nicht an der Wahrheit zugrunde gehen*. Agradeço a Alexandre Lisboa pela citação em alemão.

ção de aceitação e valorização da cooperatividade intergrupal. Ou, mais que isso, uma demonstração de amor?

Afigura-me notório, em todo caso, o objetivo de preservar certos laços sócio-afetivo-culturais superando a expectativa de garantir que a morte não imponha o esquecimento de quem contribuiu para aquela sociedade. Um registro temporal afetivo, concebido para fortalecer os que seguem vivos?

O arqueólogo americano Lewis Roberts Binford (1931-2011), um dos líderes do movimento "Nova Arqueologia", vai além, ao defender que o ritual fúnebre consente inferir comportamentos sociais, contrastando sua complexidade com o intricamento da organização social [47]. Ah! Quanto mais se aprenderia se fosse praticável ter informações sobre o rito fúnebre do *Homo naledi*?

Seja do jeito que for, levando em conta a prática de inumação, é lícito conceber a sociedade dos *naledi* como sendo mais do que a mera soma de seus membros, pois a sobrevivência do grupo por inteiro advém das inter-relações sociais decorrentes da labuta individual dedicada ao bem-estar da coletividade e, *ipso facto*, precisam ser relembradas e as perdas, lamentadas.

Em vista disso, o homem é, inegavelmente, há muito mais tempo do que se pensa, um *animal social* [48], embora essa especificidade não baste para defini-lo, conforme tentou Aristóteles. Ademais, sou propenso, com mais simpatia, a concordar com Michael Tomasello (n. 1950), psicólogo e linguista estadunidense, quando do ele assegura ser o homem, na realidade, um *animal ultra-social* [49].

Por fim, a esse ponto, o leitor decerto reparou que, neste Capítulo que trata da *morte*, evitei abordar o tema correlato do *luto*. Esta escolha foi deliberada e é fruto da minha convicção de que, em qualquer circunstância, o luto é invariavelmente bastante pessoal, vivido (ou não) por cada indivíduo, à sua maneira, mesmo em ocasiões em que há certos padrões sócio-culturais condicionantes mais ou menos estabelecidos. É o tempo, deveras íntimo, de aplacar uma dor! No contexto em questão, não há nenhum suporte ou indício para justificar a abordagem desse assunto. Por essa razão, não me referi, em momento algum, a um possível luto experimentado pelo *Homo naledi*. Todavia, essa postura não ratifica, naturalmente, que eu exclua a possibilidade de que a morte o enlutasse. Quem sabe?

Limitei-me, contudo, a fazer considerações mais generalistas possíveis sobre o pós-morte, da óptica do *Homo naledi*, com base apenas em evidências. Entretanto, entendo que determinadas pessoas possam ter interesse nesse tema e, em particular, no seu papel ao se discutir a natureza humana. Neste sentido, sugiro a leitura de um recentíssimo artigo, no qual, sem fazer referência aos *naledi*, argumenta-se que "diferentes espécies de animais experienciam luto de forma semelhante a humanos", que é, na verdade, o título do artigo [50].[11]

---

[11] Agradeço a Roberto Moreira, por me ter apontado esta referência em tempo.

4

Do fogo

O *Homo erectus* foi, presumivelmente, a primeira espécie a dominar o fogo, inovação técnica crucial no progresso da história humana [51]. Em conformidade com Robert Andrew Foley, autor desta referência, o controle do fogo, acolá de lhes fornecer luz e calor, permitiu a essa população ingerir alimentos cozidos, um facilitador para a absorvição mais eficiente de nutrientes. Aliás, uma publicação de 1999 reafirma que esta conjuntura teria propiciado considerável desenvolvimento do cérebro humano [52].

Além dos resquícios já mencionados de uma fogueira, o documentário revela que o *Homo naledi* tinha considerável manejo do fogo, sendo capacitado a empunhar tochas e empregar fogueiras como sinalizadoras. Sem esse domínio, seria quase impraticável o deslocamento no interior da caverna e, ademais, mover os corpos até o lugar de sepultamento, de dificílimo acesso. Com essas informações e inspecionando mais uma vez o gráfico da Figura 8, o qual registra que as espécies *erectus* e *naledi* coexistiram no planeta por um período superior a 1 milhão de anos, talvez seja inevitável, em breve, à luz de pesquisas vindouras, rever a primazia da primeira, com relação à segunda, no que se refere à primeva dominação do fogo.

Por outro ângulo, a presença da fogueira no recinto dos funerais, aparentemente frequentado, nessas ocasiões, ao mesmo tempo, por alguns indivíduos, sugere, quiçá, uma prática de compartilhar comida durante ou após a cerimônia de enterro, como é, até hoje, relativamente comum, em distintas comunidades humanas? Haveria, em vista disso, no funeral, uma espécie de formalidade socializante em torno da despedida de uma criatura da mesma espécie? De todo modo, essa revelação deu margem, inclusive, a se deduzir que carne animal cozida integrava a dieta dos *naledi*.

Em uma perspectiva mais ampla, numerosos pensadores colocam o fogo como a "pedra angular" de todo edifício da cultura humana. Sua importância é reconhecida, por exemplo, na mitologia grega pelo mito de Prometeu, personagem que subtraiu o fogo dos deuses (Figura 12) e o deu ao homem (Figura 13).

Figura 12: Zeus e Ganímedes descansam enquanto Prometeu rouba-lhes o fogo. *O roubo do fogo*, óleo sobre tela do pintor alemão Christian Griepenkerl (1839-1916).

Por esta razão foi condenado pela eternidade, pois os humanos, na visão de Zeus, possivelmente ficariam tão poderosos quanto os deuses, ao dominarem o fogo. Do ponto de vista do homem, Prometeu confunde-se com o advento do fogo, mas cabe à engenhosidade humana conservá-lo e controlá-lo [53] e os *naledi*, decerto, a possuíam. Será que este mito, em si, contém alguma pista da valia e do impacto do fogo para a Humanidade?

Figura 13: Prometeu fazendo o homem e animando-o com fogo do céu. Gravura do impressor holandês Hendrick Goltzius (1558–1617).

É curioso que, enquanto um número relevante de mitos fala de bens ou dádivas da natureza sendo doados ao homem por demiurgos, deuses, ou heróis, o *fogo*, por um dado motivo, precisou ser roubado. Por quê?

Lembre-se que o fogo, *in natura*, assusta os animais de todos os gêneros; não os conforta, nem os aquece. *Ab initio*, fenômenos como incêndios florestais, erupções vulcânicas, fogo subsequente a raios caindo sobre árvores têm potencial de ser incrivelmente intimidadores, inclusive para os humanóides e humanos, em boa parcela da pré-história. E por que dá-lo ao homem como uma dádiva que contribuiria positivamente para sua vida?

Uma resposta convincente carece da busca de uma causa, uma elucidação racional de como os homens préhistóricos [54] teriam, de fato, conseguido se assenhorar do fogo e, em seguida, recriá-lo e dominá-lo. Certamente, o que aconteceu foi que, na impossibilidade de uma elucidação alicerçada na razão, buscou-se a explanação mitológica. O mito vem, invariavelmente, falar de uma realidade que não se compreende bem, mas com um objetivo mor, que transcende a incapacidade de encontrar explicações racionais. Ele é, afinal de contas, uma das tentativas mais antigas de dar inteligibilidade ao mundo, que procede e se alimenta das condições históricas e étnicas de uma específica cultura.

De acordo com Joseph John Campbell (1904-1987), mitólogo e escritor norte-americano, os mitos têm *rationalitas* própria; são ficções poderosas, cujo objetivo é guiar o espírito humano [55]. Ou seja, constituem um *systema*. Em essência, são arquétipos da possibilidade humana, mais do que a justificativa de um fato ou feito.

De modo complementar, é inegável tanto quanto óbvio que, com a conquista do fogo, o indivíduo pré-histórico evoluiu. Ele passa, entre outras coisas, a ingerir alimentos cozidos, a se proteger do frio; contudo, mais do que isso, começa a trocar experiências e a criar fortes laços sociais com seu grupo, em consequência de reuniões com alguns membros da comunidade à volta de uma fogueira, instituindo uma prática que pode ser o exórdio da Humanidade.

Surpreende, de toda forma, a corroboração de que não apenas no mito de Prometeu, mas em uma fração expressiva da Mitologia, o fogo é reiteradamente *roubado* e dado aos homens.

Efetivamente, Alberto Mussa (n. 1961), escritor brasileiro, publicou um ensaio [56] no qual examina a distribuição etnográfica de mais de trezentos mitos, espalhados pelo mundo inteiro, tendo como enredo o *roubo do fogo*, concluindo que narrativas dessa classe de mito teriam surgido há, no mínimo, 160 mil anos.

Sem entrar no mérito da metodologia aplicada, resumo aqui *tout court* a conclusão do autor: a totalidade dos mitos tem em comum, em resumo, o enaltecimento da astúcia e, do ponto de vista moral, eu diria, pregam valores tais como generosidade e compartilhamento, essenciais ao bom convívio social.

Factualmente, para os mortais, Prometeu é um herói por ter compartilhado o fogo com o homem para ajudá-lo na sobrevivência, à revelia dos deuses.[12] Quem o aceitou, por sua vez, necessita partilhá-lo, como estratégia de preservá-lo e controlá-lo da melhor maneira possível. Assim, no fundo, o mito em pauta pressupõe a ideia de que o homem, em reconhecimento à circunstância de ter recebido o fogo roubado, necessita ser desprendido, a exemplo do ousado semideus, compartilhando-o *ad æternum* com seus semelhantes.

---

[12] Em certas tradições, os deuses fizeram todas as criaturas sobre a Terra, e Epimeteu e Prometeu receberam a tarefa de dotar os homens de dons com os quais pudessem sobreviver e prosperar.

Para além das inegáveis vantagens práticas que o poder sobre o fogo trouxe para o aprimoramento do homem, deve-se admitir que os valores veiculados no mito da usurpação do fogo foram, definitivamente, relevantes à consolidação das relações humanas e, *in summa*, à construção da Humanidade.

Mussa conclui ainda, de seus estudos, que esse conjunto de mitos sobre o roubo do fogo se constitui em um *programa ideológico* para *consolidar* a própria noção de Humanidade, conquanto não atribua autoria a tal programa e tampouco mencione a começar de quando ele se faz notar. Será verdade?

Seja como for, é plausível conceber um programa de natureza congênere, no plano das ideias, se for levada em conta, por exemplo, a tangibilidade das emoções e dos laços humanos estabelecidos na pré-história, no confortante espaço socializado ao redor de uma fogueira à noite. A sensação de bem-estar decorrente vai, aos poucos, revestir de emoção as estórias assim contadas, tornando as mensagens que elas pretendem transmitir mais facilmente aceitas.

Corroborando esta associação *mito-emoção*, não se pode esquecer, ainda valendo-se de Campbell, que, com os mitos, os seres humanos procuram também um meio de fazer com que suas experiências de vida, no plano das sensações puramente físicas, tenham ressonância em seu íntimo e mexam, portanto, com seu emocional.

Tudo isso ultrapassa o desígnio de aclarar a origem do fogo, e o porquê foi roubado. Pressupõe, ao contrário, um olhar para o futuro, não para o passado. Um olhar que mira a difusão de valores, com vista a impor certa padronização de comportamentos.

Desse jeito, consigo entender que a aceitação de mitos em determinada cultura possa ser reputada como integrante de um programa ideológico (*de controle*), alicerçado na concepção, vigente até hoje, de que é mais fácil assimilar a mensagem que for, desde que fundamentada na emoção e não na razão. Abrindo um parêntese, vejo nisso, com apreensão, uma perigosa porta de entrada para o negacionismo contemporâneo [57].

Contudo, concordo que o acolhimento dessa ideia – com a recorrência de sua aplicação prática –, de algum modo, *respalde* o avanço da Humanidade, embora não chegue a se constituir em uma ideologia para fundamentá-la ou consolidá-la.

Enfim, em se tratando do *Homo naledi*, personagem central dessa narrativa, não obstante o marcante lapso de tempo entre a fogueira acesa na *Caverna Estrela Nascente* e a aparição do mito do roubo do fogo (*apud* Mussa), que é plausível ser da ordem de 200 mil anos, deleito-me ao visualizar o protagonista desta saga dominando e repartindo o fogo, sentando-se ao seu redor e gravando petróglifos à sua luz!

Uma outra possibilidade de abordar o tema do fogo, à maneira de Bachelard, é criar hipóteses quanto ao elo do homem com o fogo, baseada na poética que envolve o medo e o fascínio: o distanciamento e a atração. Citando o filósofo francês, "O fogo arde na alma mais certamente do que sob as cinzas."[13] [58]; ou, por fim, "a chama, entre os objetos do mundo que evocam o devaneio, é um dos maiores *operadores de imagens*."[14] [59].

---

[13] "Le feu couve dans une âme plus sûrement que sous la cendre". Tradução do autor.
[14] "La flamme, parmi les objets du monde qui appellent la rêverie,

O fascínio e a atração pelo fogo são ademais um convite à introspecção. Conduzem o ser humano a encarar face a face sua solidão, aceno irresistível à reflexão, ao sonho (Figura 14).

Figura 14: *A carta de amor*, do pintor holandês Johannes Rosierse (1818–1901). Um exemplo de postura reflexiva diante da chama de uma vela, com o objetivo de escrever uma missiva amorosa.

---

est un des plus grands *opérateurs d'images*. Traduzido pelo autor.

Creio, não haveria Humanidade sem essa experiência reflexiva e devaneadora de cada indivíduo, sem esse olhar para dentro de si, estimulado e guiado pela chama um dia roubada. Sobre esse ponto, em uma das passagens mais belas do livro *La flamme d'une chandelle*, o filósofo-poeta escreve [60]:[15]

A chama isolada é um testemunho de uma solidão, uma solidão que une a chama e o sonhador. Graças à chama, a solidão do sonhador não é mais a solidão do vazio. A solidão, pela graça da pequena luz, tornou-se concreta. A chama ilustra a solidão do sonhador; ilumina a testa pensativa.

O papel que essa chama onírica possa ter exercido sobre a criatividade do *Homo naledi*, atuando como um operador de imagens, será assunto da conclusão do Capítulo 6.

Por fim, quero comentar sobre a ideia deveras difundida de que, na pré-história, de um ponto de vista prático, nossos ancestrais teriam aprendido a produzir fogo atritando bastões secos de madeira.

Há, por certo, constata Bachelard, em primeiro lugar, um *leitmotiv* para explicar o despertar do fogo pelas mãos dos mais antigos ancestrais, por intermédio do atrito de dois bastões [61]. Ao mesmo tempo, ele próprio admite ser extremamente árduo conciliar uma explicação racional calcada nessa ideia com as possibilidades psicológicas do sujeito primitivo.

---

[15] "La flamme isolée est une témoignage d'une solitude, d'une solitude qui unit la flamme et le rêveur. Grâce à la flamme, la solitude du rêveur n'est plus la solitude du vide. La solitude, par la grâce de la petite lumière, est devenue concrète. La flamme illustre la solitude du rêveur; elle illumine le front pensif." Traduzido pelo autor.

O filósofo-poeta francês parece persuadido pela ideia de que, toda vez que uma justificação racional e objetiva é insatisfatória para descrever uma conquista alcançada por um espírito primitivo, a perspectiva de uma explanação psicanalítica possa se tornar eficaz e levar, por mais estranha que seja, a uma interpretação psicológica plausível do feito.

Ao invés de detalhar seus argumentos, o que fugiria ao escopo do presente estudo, é suficiente aqui recordar, sem desvios, a conclusão à qual o filósofo chegou:[16] "o *amor* é a primeira hipótese científica para a reprodução objetiva do *fogo*" [63].

Alegra-me imensamente, ao final de contas, fantasiar que o *Homo naledi*, à semelhança do *Homo sapiens*, era da mesma maneira movido por esse amor.

---

[16] Se a conquista do fogo é primitivamente sexual (Bachelard) ou se a perícia de conservá-lo é de natureza anti-sexual (Freud) é uma discussão abordada na Monografia citada na Ref. [62].

5

Da ferramenta

Primeiramente, quero esclarecer aqui minha preferência pelo uso do termo "ferramenta", mesmo consciente de sua etimologia, com origem no vocábulo *ferro*. Com isso, a rigor, este termo só deveria ser adotado referindo-se a objetos fabricados a datar da *Idade do Ferro*. Em compensação, "utensílios" e "artefatos", empregues às vezes como termos alternativos, não transmitem precisamente a significação de objetos construídos com o objetivo de *criar outros* ou *modificar o mundo material* ao redor do artesão, com propósito específico. Por esse motivo, prefiro priorizar o uso do substantivo *ferramenta*, inclusive em referência a épocas nas quais só havia a expectativa de ter sido criada a partir de pedra, madeira ou osso.

Feita essa ressalva, todas as espécies do gênero humano, nos últimos 2 milhões de anos, têm a habilidade de conceber suas ferramentas, de executá-las, de orientar outros a reproduzi-las e de ensinar a usá-las [64]. Manejá-las tornou o homem a mais adaptável das criaturas. Para tantos, seu manuseio prefigura-se como a principal característica "biológica" humana, pois, encaradas funcionalmente, são extensões destacáveis dos membros do sujeito que não mais lhe servem para caminhar, com notáveis contribuições ao seu aperfeiçoamento. No momento em que os precursores primitivos do gênero *Homo* adquiriram a aptidão para andar habitualmente ereto, suas mãos tornaram-se livres para confeccionar e manipular ferramentas, num primeiro instante e, em seguida, fazer Arte. Mas esse predicado basta para diferenciá-lo de outros primatas? Essa questão relevante foi posta por Kenneth Page Oakley (1911-1981), antropólogo inglês [64]:[17]

> Embora seja evidente que o homem possa ser distinguido como o primata fabricante de ferramentas, é questionável se esta definição atinge o cerne da diferença entre o homem e os grandes macacos. Estruturalmente não são muito diferentes; na verdade, eles são classificados pelos zoólogos como membros do mesmo grupo, os *Hominoidea*.

Wilfrid Edward Le Gros Clark (1895-1971), anatomista, primatologista e paleoantropólogo britânico, se pronunciou a esse respeito nestes termos [65]:[18]

---

[17] "While it is evident that man may be distinguished as the tool-making primate, it is questionable whether this definition gets to the heart of the difference between man and the higher apes. Structurally they are not very different; in fact they are classed by zoologists as members of the same group, the Hominoidea." Tradução do autor do ensaio.

[18] "Probably the differentiation of man from ape will ultimately have to rest on a functional rather than on as anatomical basis, the criterium of humanity being the ability to speak and to make tools." Tradução do autor do ensaio.

Provavelmente, a diferenciação entre o homem e o macaco terá, em última análise, de se assentar numa base funcional e não anatômica, sendo o critério da humanidade a capacidade de falar e de fabricar ferramentas.

De todo jeito, desenvolver *know-how* para elaborar suas ferramentas pessoais demanda habilidades mentais especiais (não triviais), dentre as quais uma concepção indubitável de *causalidade*, implícita, na realidade, na feitura de não importa qual artefato, não tão distinto do conceito aristotélico aplicável à explanação causal de uma gama mais ampla de atos ou fenômenos. Quais particularidades, então, especificamente atrairiam a atenção dos estudiosos na comprovação de que o *Homo naledi* manejava ferramentas? Antes, porém, de discutir o que os distingue de outras espécies, examinem-se as destrezas comuns a todas elas.

Para manufaturar sua ferramenta, por exemplo, é crucial, previamente, que o artesão seja talhado a conseguir "ver" no âmago da matéria bruta (uma pedra, *exempli gratia*) o objeto acabado, em seu formato definitivo, uma vez imaginada ou concebida sua utilidade. É a antecipação da forma guiando a criatividade e a execução da tarefa.

Esta alusão remete ao típico modelo didático do estatuário, usado no ensino básico de Filosofia, para ilustrar a concepção aristotélica em favor do envolvimento de quatro causas diferentes e complementares na elucidação de qualquer fenômeno físico, aqui exemplificado pela execução de uma estátua. Inevitavelmente, isso me faz lembrar a afirmação do gênio italiano Michelangelo (1475-1564), na qual elucidava que o *modus faciendi* de uma escultura resumia-se a retirar o excesso de mármore. Analogamente, a confecção de uma ferramenta de pedra exige do seu executor o desbaste do "excesso" de material. As quatro causas envolvidas neste exemplo são, consoante à textual nomenclatura escolástica: *materialis*, *efficiens*, *formalis* e *finalis* e correspondem, neste caso, respectivamente, ao bloco bruto de mármore, às cinzeladas impostas à matéria pelo artífice, à forma acabada pré-estabelecida e, por fim, a uma finalidade específica a ser cumprida. Em resumo, esculpir uma peça e produzir uma ferramenta não são ações desvinculadas, pois pressupõem habilidades cognitivas comuns, tais como inventividade, abstração, memória, planejamento, método e atenção.

Construir um ferramental traduz, em geral, uma vontade e um *savoir-faire* que espelha uma habilitação para remodelar o mundo ao redor. Vontade entendida aqui como uma necessidade física ou emocional que compele uma pessoa a realizar objetivos. Para o psicólogo bielorusso Lev Semenovich Vygotsky (1896-1934), o conceito de *vontade* [66] seria uma função psicológica superior [67], cuja assimilação é fundamental para descrever a essência da consciência. Por conseguinte, de acordo com esse autor, a totalidade das espécies do gênero *Homo* possui tal função psicológica; por extrapolação, adicionaria o *Homo naledi* neste rol. Usar uma ferramenta relaciona-se, em síntese, à execução pré-formulada de um *trabalho*. De uma perspectiva diversa, ser qualificado a instruir outros congêneres a utilizá-las requer uma *pedagogia*, eventualmente mais voltada ao bem-estar comum, e não apenas a um aprendizado individual.

A ferramenta pertencente aos *naledi* que foi encontrada [68], se comparada a outra similar achada, bem mais recentemente, na caverna de Blombos, um sítio arqueológico localizado na África do Sul [69], é inegavelmente mais anatômica e mais bem adaptada a seu escopo (Figura 15), apesar de preceder a outra, produzida pelo *Homo sapiens*, em pelo menos 170 mil anos.[19]

Figura 15: O artefato em formato de ferramenta (topo) recuperado pelo grupo de Berger do Monte 425, da *Estrela Nascente*, enterrado na antecâmara imediatamente abaixo de dois painéis de pedras esculpidos, em comparação com o correspondente de Blombos, finalizado pelo *Homo sapiens* há cerca de 78 mil anos.

---

[19] Há na internet uma animação 3D, a partir da qual é factível ver a ferramenta *naledi* girando no espaço em torno de 2 diferentes eixos, disponível em https://x.com/newscientist/status/1666065103224012801. Acesso em 29 de julho de 2024.

Qualquer um habituado a manusear ferramentas se dá logo conta que o *design* criado pelo *Homo naledi* é mais ergonômico, com um formato mais anatômico, encaixando-se melhor na mão, facilitando os golpes contra as paredes pétreas de cima para baixo, aumentando a eficiência para golpear. Até onde sei, é a mais antiga ferramenta, produzida pelo gênero *Homo*, conhecida.

Esse diferencial, em si, já é surpreendente. Mas outro, de abrangência mais ampla e subjetiva, torna intrigante o liame dos *naledi* com a única variedade de ferramenta avistada, e lança nova luz sobre a *vontade* e a prática de *abstração* destes hominídeos. Refiro-me aqui à clara evidência, já reportada, de uma ferramenta ter sido detectada, bem acomodada, na mão de um jovem enterrado. É conveniente lembrar de terem sido identificadas duas sepulturas. Infelizmente, foram apenas essas e, para completar, só em uma havia a presença de algum objeto. Em consequência, não é permitido se concluir nada com significância estatística no tocante àquela conduta, calcado em um achado singular. Não obstante, isso não impede que se pondere se todos aqueles dotados de aptidões artísticas, naquela sociedade, mereciam ser sepultados com sua ferramenta. Esse ato, ainda que platônico, pode ser encarado como uma homenagem às habilidades do falecido, o que, no fundo, comprovaria certa interação afetiva entre vivos e mortos. Seria essa uma praxe refinada de uma cultura pré-histórica?

Essa suposição, se validada, ofereceria uma percepção assaz singular do *Homo naledi* e de como esse grupo valorizava a Arte, inclusas as representações geométricas constatadas no interior da *Estrela Nascente*; até fascinante, eu diria, e não meramente especial.

Resta, afinal, um tópico a ser tratado, pertinente à produção e ao uso de ferramentas, cuja importância é decisiva para a compreensão do que se segue, correlacionando os achados narrados nessa exposição e a própria evolução humana. É o papel do *trabalho* na antropogenia [70], com ênfase na sua monta no que tange a experiência de aprimoramento de aptidões individuais [71].

A postura ereta do *Homo sapiens*, presente tal e qual no *Homo naledi* é, em essência, como se costuma admitir, uma adaptação à modalidade mais representativa da atividade vital humana: o *trabalho*, essencial para uma vida em sociedade. Essencial, embora não suficiente, em particular, à medida que se examina o avanço social.

A identificação de homem como "animal social", proposta por Aristóteles em sua obra *Política* [72], não é, decerto, suficientemente ampla. De fato, é trivial elencar diversos exemplos de animais sociais, como abelhas e formigas, qualificadas a exercer afazeres sofisticados, como quando as abelhas constroem favos com uma perfeita simetria hexagonal. Essas sociedades são ditas de *ação*. Uma ação *padronizada*, continuadamente exercida de modo repetitivo. Todavia, em nenhuma dessas consecuções animais percebe-se qualquer tipo de *diferenciação individual*. É esta diferença específica que torna os humanos *sui generis*.[20]

---

[20] Essa diferenciação individual tem o potencial, certas vezes, de fazer toda diferença entre a manutenção do *status quo* ou o desencadeamanto de uma transformação ou mesmo de uma revolução social. Há uma esperança manifesta da Humanidade nesses indivíduos excêntricos, frequentemente independentes, críticos e idealistas, que se espelha na literatura internacional. Como exemplo, podem ser citados os personagens protagonistas de três o-

Wolfgang Köhler (1887-1967), psicólogo estoniano, mostrou haver tantas diferenças de inteligência e habilidade entre macacos antropóides. Quanto aos humanos, o filósofo alemão Ernst Cassirer (1874-1945) nos ensina, fundamentado em seus estudos dedicados à *Antropologia Filosófica* [73], que a sociedade por eles construída não é meramente de *ação*, mas, diferentemente das outras espécies, mais plural e mais subjetiva, envolvendo *pensamento* e *sentimento;* em última análise, esse panorama abre portas para indivíduos peculiares se destacarem em uma particular categoria de tarefa ou em alguma habilidade específica.[21] Integram essa estrutura superior de sociedade: a *linguagem*, o *mito*, a *arte*, a *religião* e a *ciência*. Nuances do amadurecimento de não muitas dessas habilidades que qualificam o gênero *Homo* são perceptíveis nos *naledi*.

No entanto, em referência às "invenções" individuais, Cassirer admite que [75],

> Para a estrutura geral da vida animal, entretanto, tudo isto é irrelevante. Esta estrutura é determinada pela lei biológica geral, segundo a qual os caracteres adquiridos não são passíveis de transmissão hereditária. Toda perfeição conquistada por um organismo no correr de sua vida

---

bras distópicas entre as de maior destaque no Ocidente, redigidas no século XX: John (*Admirável Mundo Novo*, Aldous Huxley; 1932); Winston Smith (*1984*, George Orwell; 1949); Guy Montag (*Fahrenheit 451*, Ray Badbury; 1953).

[21] Há quem proponha que a combinação do bipedalismo e do *habitat* misto (regiões de mata e savana), no início da evolução dos hominídeos, resulta na divisão de tarefas, requisito o qual permitiu a atribuição de estados mentais a nós mesmos e aos outros, abrangendo crenças, intenções, desejos, emoções e discernimentos [74].

individual circunscreve-se à sua própria existência e não exerce influência na vida da espécie. O próprio homem não constitui exceção a esta regra biológica geral.

Não obstante, o homem, capacitado a pensar, sentir e ter vontade,[22] consegue contornar essa limitação e repassar esse conjunto de conquistas como herança a seus descendentes, não por transmissão genética, mas por meio de uma transmissão cultural – outra mestria ímpar da espécie – a qual inclui, hoje em dia, saberes e fazeres envolvendo a integralidade das formas superiores, anteriormente destacadas, tratadas, articuladas e re-elaboradas por algum tipo de pedagogia, função essa que vai ganhar uma enorme dimensão com o aprimoramento da linguagem e, enfim, com o advento da escrita. Historicamente, essa ambição de eternizar suas conquistas e aprendizados passa, em um âmbito mais basilar, pela otimização do trabalho e da comunicação. É lícito resumir tudo isso na bela frase de Cassirer: "[O homem] não pode viver sua vida sem expressá-la" [75]. E não é razoável dizer algo similar do *Homo naledi*?

Especificamente com relação à Arte, tema a ser abordado no próximo Capítulo, gostaria de relembrar os escritos estético-filosóficos do filósofo, crítico e historiador literário húngaro György Lukács (1885-1971), nos quais ele sustenta ter sido o ritmo do trabalho, ainda que não num nexo determinista, a propiciar aliás o surgimento das primitivas manifestações artísticas [76], como é provável que tenha acontecido com os *naledi*.

---

[22] No sentido vygotskiano do termo.

Admite-se, de mais a mais, que o trabalho, em sua diversificação crescente, possibilitou aos humanos a modificação da natureza, de maneira notável e multifacetada, contribuindo, com o tempo, para o surgimento – e as subsequentes metamorfoses – da linguagem.

Grosso modo, para o gênero *Homo*, a aurora de sua capacitação laborativa remete-se ao uso das mãos e da força física, envolvidas em atividades canalizadas, preliminarmente, para suprir suas premências de sobrevivência.

O desenvolvimento de habilidades motoras e físicas o conduzirá, é inegável, ao desempenho de ofícios renovados, com graus crescentes de complexidade e abstração. Esse progresso evolutivo desembocará, bem mais tarde, em avanços progressivos de seu entendimento do mundo e de suas competências, bem como de tecnologias de variados gêneros, atingindo, assim, um estágio no qual o *Homo sapiens sapiens*[23] [77, 78, 79] torna-se qualificado a deliberada e inexoravelmente transformar a Natureza, (nem sempre) em benefício pessoal e da sociedade na qual está inserido, impulsionando, em conjunto, o florescimento da própria sociedade, com o aprimoramento do seu ofício.

O período em que essa transfiguração se dá sistematicamente recebeu, devido a sua singularidade, a denominação de *Antropoceno* [80, 81, 82, 83], designando uma nova época geológica caracterizada pelo impacto do homem na Terra. Nele, não há espaço para observadores ingênuos e passivos; só existem participantes [80].

---

[23] Nome usado para denominar a subespécie humana que caracteriza o homem moderno.

6

Da arte rupestre

A aurora da Arte [84, 85], tanto quanto a criação da linguagem [8, 86, 87], é um mistério fascinante na evolução do gênero *Homo*. Entretanto, há praticamente consenso que seus mais pretéritos registros estão na arte rupestre.

Não obstante não seja possível determinar o exato momento histórico do surgimento da Arte, Lukács inferiu que, numa certa época, houve uma separação entre o simples fazer e a emergência da *poiesis*, viabilizando o surgimento do trabalho artístico [76]. Fundamentado no exposto até aqui, parece-me complicado aceitar que essa bipartição não tenha sido igualmente vivenciada pelo *Homo naledi*, bem antes do esperado.

Sobre esse aspecto, o que se sabia até hoje, deixando de lado, por enquanto, uma possível contribuição dos *naledi*, é que a arte rupestre figurativa mais antiga do mundo é a pintura de um porco selvagem, de 45 mil anos, localizada, em 2017, numa caverna da ilha indonésia de Sulawesi [88]. Já a evidência inaugural de padrões geométricos gravados pelo *Homo sapiens* em pedra é consideravelmente anterior e foi identificada na caverna de Blombos, no sul da África (Figura 16), datada de 75 a 100 mil anos atrás [89].

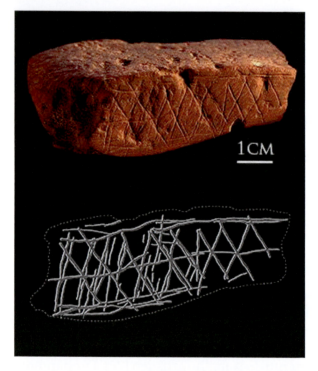

Figura 16: Pedra ocre encontrada na caverna de Blombos. O padrão data de aproximadamente 70 000 anos atrás. Fonte: Chris Henshilwood, CC BY-SA 4.0, via *Wikimedia Commons*. <creativecommons.org/licenses/by-sa/4.0>.

A arte rupestre, gerada no Paleolítico Superior, abrangendo, *grosso modo*, o lapso de 10 a 40 mil anos atrás, período que se sobrepõe à mais recente Era do Gelo no continente europeu, é fruto – e, simultaneamente, indicador – da expansão da imaginação, da criatividade e do pensamento abstrato nos primeiros *Homo sapi-*

ens. Comparações de ferramentas e ossos localizados na Alemanha sugerem que membros pioneiros da espécie humana podem ter chegado até a Grã-Bretanha enquanto os *neandertais* ainda estavam vivos. Esses achados demonstram que a espécie *sapiens* enfrentou o frio cortante para chegar ao norte da Europa há 45 mil anos, abrigando-se em cavernas no decorrer de milhares de anos [90]. Os paleoantropólogos há muito admitiam, como decorrência dessa migração, ter sido a Arte inventada no transcorrer de uma "explosão criativa" há aproximadamente 40 mil anos na Europa [91]. Esta expectativa está sendo confutada em decorrência de recentes descobertas, conforme será visto em sequência.

Genevieve von Petzinger, paleoantropóloga da Universidade de Victoria, no Canadá, é responsável, a datar de 2007, por um estudo sistemático inédito sobre a arte rupestre do Paleolítico Superior [92]. Seu interesse reside, exatamente, no aperfeiçoamento da mente moderna, tendo como suporte essas manifestações artísticas. Em outras palavras, a cientista canadense busca indicativos e respostas nos desenhos e nas inscrições em grutas e furnas com a esperança de que iluminem o significado do termo *humano*. Evidentemente, para esse projeto ser levado a cabo, antes de tudo, é imperativo estabelecer quem fez as inscrições. De acordo com a pesquisadora em pessoa, cerca de dois terços dos sinais por ela analisados já estavam nos sítios explorados por ocasião da chegada do *Homo sapiens* na Europa, há 45 mil anos. Surge, então, a dúvida [91]: será que o *Homo neanderthalensis* [93], o qual já habitava aquele continente nessa época, e foi extinto há cerca de 30 mil anos, similarmente criava signos e grafismos? Bem provável! Essa situação insólita já bastaria para pautar uma revisão da *timeline* estabelecida para quando esses emblemas começaram a ser criados e utilizados. A isso se justapõe a surpreendente comprovação, à qual já se aludiu, de que, desde um período drasticamente mais remoto (da ordem de 200 a 250 mil anos), as paredes da *Caverna Estrela Nascente* abrigam inscrições feitas pelos *naledi*. Com este cenário, o limiar inferior da *timeline* da evolução da Arte muda drasticamente, e surgem novas e desafiadoras indagações.

Acreditava-se, até essas novas pesquisas de Genevieve, que só os humanos estivessem aptos a desenvolver inúmeras habilidades sofisticadas de expressão e de entendimento, as quais desembocariam, em um estágio inicial, no aprimoramento da linguagem falada e, bem mais tarde, na invenção da escrita [94]. Em princípio, a arte rupestre pode ser entendida como a gênesis da comunicação gráfica, à qual precedeu em muito.[24] A competência para tal realça a posição *sui generis* do homem na íntegra do reino animal. Uma técnica inaudita de se exprimir e interagir com seus congêneres, inclusive em tempos longínquos, que extrapola o momento presencial da intercomunicação verbal/gestual. Uma oportunidade de preservar uma mensagem no tempo.

A contar do momento em que tais ilustrações e outras expressões saem das paredes e passam a ocupar superfícies de argila, pequenas pedras, papiro, pergaminho, até o papel [95], resolve-se, outrossim, o proble-

---

[24] É inevitável que os descobrimentos ocorridos na localidade *Estrela Nascente* levem a uma retificação das origens desse ato criativo (e sua prática), assim como se questione o quanto ele realmente depende de determinadas *expertises* cognitivas, até então atribuídas exclusivamente a humanos.

ma do espaço: a comunicabilidade não mais requer que duas ou mais pessoas estejam, em um dado instante, compartilhando o mesmo lugar.

A linguagem escrita, marca indelével da civilização humana, não surgiu simplesmente de um dia para o outro. Milhares e milhares de anos antes dos primevos sistemas de escrita completamente desenvolvidos, os nossos antepassados rabiscaram signos geométricos pelas paredes das furnas onde se abrigavam.

Quanto a esse embrião da escrita – e sua relevância para a humanidade – examinado na Ref. [96], salienta-se o seguinte:

> Ao recorrer a desenhos em cavernas, o homem pré-histórico deu um passo extraordinário na evolução da espécie. Tais desenhos foram a primeira expressão concreta de um esforço voltado para tornar, ao mesmo tempo, visível e duradouro seu pensamento, seus sentimentos e sua visão de mundo. Tão ou mais importante do que fazer representações precisas, de pessoas e de animais, era aquilo que se pode chamar de *representação estenográfica* da realidade, ou seja, sua capacidade de fazer esboços lineares, de traços mais simples, usados para dar significado inteligível aos seres e às situações retratados. Dessa forma, ainda que inconscientemente, a humanidade dava o primeiro passo para a *escrita*.

Passaram-se dezenas de milhares de anos até que o homem manifestasse consciência da pertinência desses pictogramas como técnica de registro [97].

Há, na atualidade, praticamente um consenso de que a característica primitiva de escrita foi pictográfica[25] e, a

---

[25] A escrita feita com desenhos rudimentares chama-se *picto-*

seguir, ideográfica.[26]

Retornando ao rico legado da arte rupestre na Europa, mais de 350 sítios, contendo esse tipo de arte, haviam sido identificados, ao final do século XX, em parte de seu território, com pinturas de animais, de seres humanos, míticos e signos abstratos; estes últimos serão, de agora em diante, genericamente chamados de *desenhos geométricos*, embora se reconheça não ser este o termo mais apropriado. Sim, pois a *Geometria* (termo derivado de "medida da terra") é um ramo da Matemática que floresceu na antiguidade grega como um conhecimento que foi se organizando e se consolidou em um *corpus* com Euclides (fl. c. 300 a.C.), dedicado a questões de forma, tamanho, ângulos e posições relativas, compreendendo as medidas quantificadoras dessas relações. Algo totalmente inexistente na pré-história. A rigor, nem o termo *protogeometria* seria adequado, uma vez que é reservado para o período entre 1 100 e 800 a.C., na Grécia Antiga.

Neste ponto, é oportuno abrir um parêntese para registrar a contribuição do historiador da matemática, o francês Olivier Keller (n. 1943), o qual defende que a representação simbólica em furnas e rochas envolve noções e práticas matemáticas que são usadas, mas não explicitadas formalmente ou integrados em um sistema, por ele denominadas de "suposições não formu-

---

grafia; do latim *pictus*, cuja significação é "pintado", e do grego *graphé*, representando "escrito". Essa tentativa de expressão foi o embrião da escrita cuneiforme e dos hieróglifos.

[26] A *escrita ideográfica* se constitui em uma manifestação da linguagem, através do uso de ideogramas ou símbolos que exprimam ideias. É originalmente atribuída aos sumérios da Mesopotâmia. Exemplos mais distintos são os caracteres chineses e japoneses.

ladas" [98, 99, 100, 101, 102], a saber: o plano, principal cenário para os movimentos das formas e seu estudo; um estoque de figuras elementares como segmento de reta, círculo, quadrado, retângulo, triângulo, trapézio, cubo, cilindro,[27] juntamente com os elementos dos quais são compostos – pontos e linhas – atrelados à viabilidade de transformar tantas delas umas nas outras, através de decomposição e reconstituição; e a competência para diferenciar nelas proporções, eu acrescentaria. Ainda em conformidade com Keller, essas origens pré-históricas da geometria se desenvolvem no Paleolítico e no Mesolítico e, de certa maneira, remontam à habilidade de fazer ferramentas de pedras. Embora se encontrem críticas à sua abordagem, o autor se mostra bem consciente de que a comparação etnográfica revela quão traiçoeiro costuma ser o passo do concreto (o artefato) à interpretação [103]. De todo jeito, julgo relevante ter em consideração, com discernimento, essas ideias ao se meditar sobre a gênese da *imaginação geométrica*.

De volta aos signos gravados em cavernas europeias, a já citada paleoantropóloga von Petzinger fez pesquisa de campo em 52 sítios arqueológicos na França, Espanha, Portugal e na Sicília, no ínterim de dois anos, dando destaque a um levantamento sistêmico desses símbolos geométricos enquanto os catalogava. Sua apuração inicial foi que, no tocante às ilustrações alegóricas, a presença de manifestações não figurativas é duas vezes mais frequente.[28] Durante a exploração des-

---

[27] Eu não incluiria nesta lista objetos tridimensionais.

[28] Genevieve parece não concordar com a rígida caracterização de que haja uma arte figurativa, baseada em objetos ou entidades existentes no mundo real, em contraste com uma arte não figurativa,

ses sítios, foram, no total, coligidos 32 símbolos dispostos, lado a lado, na Figura 17, os quais, para a pesquisadora, teriam sido feitos no lapso de 30 000 anos, entre 10 e 40 mil anos atrás, considerando o segmento do continente europeu investigado [92]. Cerca de 65% desses ítens catalogados são recorrentes em todo o intervalo de tempo examinado.

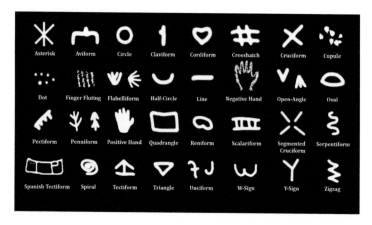

Figura 17: Inventário de um total de 32 símbolos, que se repetem em diversos sítios arqueológicos espalhados por toda Europa, preparado pela equipe de Genevieve von Petzinger.

À aurora da investigação, ao coletar e sistematizar esse conjunto de sinais, se indaga se é cabível que eles configurem o substrato de alguma linguagem.

Neste cenário concebível, devo dizer, há um aspecto que me incomoda. Se a suspeita fosse verdadeira, numa área tão extensa e em um ambiente dominado por condições climáticas absolutamente hostis, por um lon-

---

tradicionalmente interpretada como abstrata, no sentido de não haver uma nítida correspondência com a realidade mundana [104].

go tempo, seria realmente penoso conceber um aclaramento crível de como esse número limitado de signos teria se propagado por uma imensa extensão territorial e durante um equitativamente enorme intervalo temporal, com relativamente pouca variação e poucos acréscimos, sem falar na agrura de traçar a matriz dessa "propagação" iniciada na África do Sul, por exemplo.

De mais a mais, 32 símbolos reputo um número significativamente reduzido para uma linguagem ideográfica, ainda que primitiva.[29]

Na produção *Caverna de Ossos*, que enfoca um período pré-histórico bem antecedente ao escrutinado por von Petzinger, Berger manifesta sua perplexidade sinteticamente, não sem emoção, ao contemplar de perto os pictogramas na parede de entrada na galeria Dinaledi: – *Saí de lá outra pessoa*. Note-se que a advertência do cientista deixa transparecer uma perplexidade despertada por um estímulo que o impactou esteticamente, e situa-se acolá do descobrimento de um sítio arqueológico.

Conquanto representações de animais não sejam mostradas no documentário [1], algumas (que, admito, exigem uma boa vontade do observador para distinguir o bicho) foram publicadas mais tarde [27]. Por estar me referindo, neste ensaio, prioritariamente ao filme e com o filtro de interesses pessoais, opto, nas próximas páginas, por me ater unicamente ao simbólico.

---

[29] Para se ter uma ideia, em que se pese a enorme diferença cultural (e temporal), a língua chinesa possui mais de 70 000 ideogramas, apesar de uma enorme maioria deles não ser utilizada hoje. De um colegial chinês, em sua adolescência, espera-se que tenha o domínio de algo ao redor de 3 000 ideogramas.

Olhando com atenção as fotos publicadas [27], pude reconhecer 6 dos 32 símbolos [92] da Figura 17. São eles: cruciforme, linha, signo-Y, quadrilátero, triângulo e o "jogo da velha", em destaque na Figura 18.

Figura 18: Gravuras hachuradas em um dos painéis da localidade *Estrela Nascente*. O círculo branco delineia áreas da gravura que podem indicar golpes de martelo ou marcas de pancadas, evidenciadas por corrosão não constatada em outras superfícies.

Este reconhecimento revela que cerca de 19% do total de símbolos do quadro precedente (Figura 17), criados englobando um lapso de 30 mil anos, estão outrossim presentes na *Caverna Estrela Nascente*, feitos, bem provavelmente,[30] com uma antecedência de cerca de 200 milênios em referência à datação dos achados nas furnas europeias!

Tal abundância relativa, em épocas tão díspares, somada ao acanhado número total deles, produzidos em uma enorme escala de tempo, e ao embaraço de imaginar a propagação espacial desses símbolos em uma era glacial, sugere bem mais que eles não tenham sido aprendidos por meio da experimentação e, subsequentemente, possa ter havido alguma irradiação eficiente dessa simbologia entre grupos distintos e geograficamente esparsos.

Como, então, compreender essa conjuntura? Talvez convenha propor, alternativamente, uma justificativa para a criação desses signos recorrendo à concepção de espaço do filósofo alemão Immanuel Kant (1724-1804), conceito ao qual, em seu período crítico, ele atribuiu (e, por extensão, à Geometria) um caráter *a priori* [105]. Tem-se, assim, segundo Kant, um instrumento teórico adequado a iluminar o substrato da imaginação criativa e da intuição do *Homo sapiens sapiens*. O pressuposto que trago aqui é que tal concepção se aplica, *mutatis mutandis*, ao *Homo naledi*, competente para deixar aqueles ícones gravados nas rochas. Esses desenhos geométricos não seriam, por conseguinte, alicerçados na prática do homem pré-histórico. E qual seria sua fundamentação?

---

[30] A menos de futuras datações com novas técnicas.

O filósofo de Königsberg afiança que o fato de a Geometria ser um corpo de verdades sintéticas *a priori* acarreta que o espaço deva ser a forma pura da intuição (em oposição a um conceito). E, se para ele a Geometria restringe-se à euclidiana, então conclui que, no caso específico do *Homo sapiens sapiens*, ela se constitui em uma noção apriorística ou, em outros termos, um saber cuja veracidade ou falsidade não é suficientemente fundada na experiência [105, 106]. Essa visão do pensamento geométrico será, posteriormente, corroborada pelo filósofo e matemático alemão Edmund Gustav Albrecht Husserl (1859-1938) [107].

Em suma, estou precisamente propondo aqui uma extrapolação dessa ideia kantiana, *i.e.*, que certas noções por demasiado primitivas, pré-geométricas, como as sugeridas por Keller, sejam igualmente consideradas *a priori* na estrutura de pensamento dos hominídeos, que podem ter vivido entre 250 mil e meio milhão de anos atrás (Figura 8), ainda que não estruturem o *corpus* de uma argumentação teórica. Em sendo essa especulação comprovada, com base nos registros gravados pelo *Homo naledi* e numa melhor compreensão de sua cultura, ficaria excluída a alternativa aventada por Keller de que se possa atribuir as origens de um pensamento "pré-geométrico" ao Mesolítico; seu surgimento precederia esse período de muitas centenas de milhares de anos. Adicionalmente, dessa pressuposição decorre que esse conjunto diminuto de símbolos "geométricos", representados pelo *Homo naledi*, assim como outros posteriores, concebidos tanto pelo *Homo neanderthalensis* como pelo *Homo sapiens*, seriam formas ou intuições puras e não espelhariam um conhecimento empírico. Essa hipótese afasta a imposição de se vislumbrar um esclarecimento convincente para a propagação geográfica dos símbolos em larga escala, em um longo tempo de clima excepcionalmente inóspito.

Uma alternativa a esta especulação de inspiração kantiana (ou uma oportunidade complementar de entendimento) pode ser extraída da obra do antropólogo e filósofo francês, de ascendência belga, Claude Lévi-Strauss (1908-2009), em particular, do momento em que analisa analogias inquestionáveis entre as artes pertencentes a regiões e épocas bem distintas [108]. De algum jeito, ele admite que as similaridades percebidas entre a arte de algumas sociedades insinuam, cada uma por um lado (e por razões independentes), aproximações incompatíveis, no fundo, com as exigências geográficas e históricas. Seria isso um dilema para o estudioso? Estaria ele condenado a renegar os fatos históricos ou a fechar os olhos para essas semelhanças, tantas vezes verificadas?

Para o antropólogo franco-belga, o fato de o contato físico entre grupos diversificados ser (ou ter sido) impraticável não prova serem ilusórias as semelhanças de suas produções artísticas.[31] Dessa afirmativa, decorre, tãosomente, a inevitabilidade de se idealizar outra explanação. Ou seja, algo que se constitua como um sistema, que, de modo correlato à linguagem, possa dimensionar sistemicamente os acontecimentos e objetos culturais.

Um rumo admissível para se encontrar uma explanação aceitável seria recorrer à psicologia ou à análise estrutural das formas, à procura de conexões internas de

---

[31] A ocorrência improvável de semelhanças que Lévi-Strauss investiga na Ref. [108] abarca, simultaneamente, a costa noroeste da América do Norte, a China, a Sibéria, a Nova Zelândia, envolvendo, quiçá, até a Índia e a Pérsia.

cunho psicológico ou lógico capazes de justificar as semelhanças. Assumida essa postura, fundamentam-se as bases de sua *antropologia estrutural*, com certas regras de organização como alicerces. Como corolário, a cognição viria da perquirição de elementos duradouros e correspondências estruturais entre sociedades dissemelhantes para descobrir se existem estruturas fundamentais, as quais seriam o esteio da Antropologia. Dessa maneira, Lévi-Strauss vai se interessar pelas regras subjacentes às práticas culturais [109]. Nesse contexto, então, cumpre indagar se o conjunto de costumes dos *naledi* teria qualquer coisa em comum com aquele dos *neandertais* e com o do *Homo sapiens*, para que compartilhem aproximadamente 20% dos signos revelados por Genevieve von Petzinger. No presente, não se dispõe de elementos suficientes para uma comparação eficaz. Oxalá, o futuro nos traga boas surpresas nesse sentido.

 Sob outro enfoque, enquanto em Kant o sujeito transcendental conhece a partir da categoria do entendimento (inata) e da percepção empírica (adquirida), em Lévi-Strauss, a sociedade se faz (e é compreendida) por meio da vivência (coletiva) e da destreza (individual), trazendo diversidade para cada cultura. As que produzem semelhanças artísticas, contudo, condividem as mesmas estruturas.[32] Desse jeito, Strauss se afasta da pura etnografia e cria a *Antropologia Estrutural*. Ele vai à cata de observar o conjunto de práticas so-

---

[32] Foi calcado nesse paralelo que mencionei, previamente, que os dois caminhos, embora advenham de concepções ontológicas distintas, podem levar ao entendimento do desejo/impulso de gravar símbolos nas paredes internas de furnas e, porventura, não são excludentes. Um foca no saber individual, inato; o outro, no coletivo, apoiado nas práticas sociais.

ciais para, sob efeito de um olhar globalizante, identificar o denominador comum, as regras de uma sociedade. Em outro momento, busca elementos duradouros e correspondências estruturais entre sociedades diversificadas, para descobrir se existem estruturas fundamentais que seriam os alicerces da Antropologia.

Independentemente de se ser qualificado ou não a explicar por que o homem primitivo começou a desenhar símbolos e formas abstratas no interior das cavernas, parece-me injusto não se asseverar suas faculdades cognitivas. Uma das respeitáveis contribuições de Lévi-Strauss, pertinente ao que se está discutindo nesse trabalho, e a este ponto, em especial, é a constatação de que os chamados *selvagens* não são atrasados, menos evoluídos, primitivos e nem mesmo selvagens; tão-somente operam de modo distinto da nossa civilização ocidental, com o que a antropologia convencionou denominar *pensamento mítico-religioso* ou magia [110]. Em termos de operações mentais, o pensamento mítico não é inferior ou menos empenhativo. Ele difere do pensamento humano atual essencialmente quanto à causalidade, quanto à lógica determinista subjacente à interpretação dos fenômenos e do mundo.

O etnólogo brasileiro Eduardo Viveiros de Castro (n. 1951) faz uma bela síntese, em uma única frase, do que, em minha opinião, é forçoso entender por *pensamento selvagem* [111], a qual vale a pena ser recordada:

> O "pensamento selvagem" não é o pensamento dos "selvagens" ou dos "primitivos" (em oposição ao "pensamento ocidental"), mas o pensamento em estado selvagem, isto é, o pensamento humano em seu livre exercício, um exercício ainda não-domesticado em vista da obtenção de um rendimento.

Esclarecido esse ponto, é legítimo refletir sobre outra indagação: – Qual a motivação da arte rupestre? No prefácio de seu livro *Pintura Rupestre* [112], o antropólogo brasileiro Marcos Magalhães Rubinger (1934-1975) sustenta que:

> a pintura rupestre não é meramente uma obra de arte dos chamados povos pré-históricos ou paleo-índios, mas sim um instrumento, prioritariamente mágico, para prover a subsistência da comunidade (p. 15).

e conclui o raciocínio com essa ponderação:

> [...] a pintura rupestre é vista [...] como um elemento mediador entre a parte da cultura fundamental à sobrevivência do grupo e as outras esferas da cultura, que consideramos superestruturais. Assim, os desenhos são diferentes no seu conjunto ou frequência, conforme sejam diferentes a base econômica e as atividades práticas do homem (p. 16).

Com o respaldo dessas citações, há que se meditar, por conseguinte, sobre dois aspectos do desenho e da pintura rupestres: o *mágico/sobrenatural* e o *sócio-cultural*, no qual incluo o *artístico*.

Antes de retomar a discussão sobre a arte rupestre, propriamente dita, e do tipo de inventividade que precede e inspira esse tipo de manifestação, pretendo abordar a extraordinária revelação, que veio à tona, em 1939, do âmago de uma caverna alemã. Trata-se de uma escultura em marfim de mamute, representando um homem-leão (*Löwenmensch*, em alemão),[33] de inegável valor artístico. As justificações dessa escolha são duas.

---

[33] Há um documentário interessante sobre esse assunto, produzido pelo *History Channel 2*, cujo *link* é dado na Ref. [113].

A primeira, de natureza estética, é por se tratar de um objeto belíssimo, até o presente, o mais antigo simbolizando algo inexistente *in natura*.[34] Um exemplo inequívoco de antropozoomorfismo (Figura 19), com uma cabeça de leão-da-montanha no corpo de um humanóide, que remete à questão do sobrehumano.

Figura 19: Dois ângulos do homem-leão, atualmente no Museu de Ulm, Alemanha.

---

[34] A datação com carbono-14 da camada de solo, onde foi encontrado o maior número de fragmentos do homem-leão, comprova que ele foi esculpido entre 35 mil e 40 mil anos [114].

A segunda é pela primazia histórica, por ser o registro de manifestação artística escultural mais antigo; mais especificamente, de um ser imaginário, passível de ser interpretado como um exemplo inequívoco e único desse laço primitivo entre a arte e o sobre-humano.

Na apreciação de Jill Cook (n. 1954), paleontóloga britânica e curadora do *British Museum*, é provável que o *Löwenmensch* indique uma propensão primeva, aparentemente intrínseca ao gênero *Homo*, de imaginar mundos mágicos, sobrenaturais [115].

Sendo mais específica e abstraindo-se do significado da estatueta, Cook sustenta que sua existência corrobora a ideia de uma crença no transcedente, plausível de facilitar a sobrevivência, ao permitir que se engendre uma explicação mística com autoridade de tornar suportável a convivência com uma besta assustadora (o leão, no caso). Quem sabe essa escultura tenha sido concebida para auxiliar a superação de medos? Note-se que, nessas linhagens pré-históricas, não havia rigorosamente uma divisão entre o natural e o sobrenatural.

O homem-leão talvez seja um ícone protetor, como há no budismo, inclusive em tempos bem mais recentes, imagens de animais sagrados, a exemplo do Cão de Fó (guardião de templos, com aparência de leão), ou de demônios protetores com poder, até mesmo, de vencer a morte. Outra conjectura cabível é que tais abstrações, dependendo do momento de seu surgimento e da cultura de um grupo, possam ser representações mítico-dramatúrgicas. E em que época isso teria acontecido pela primeira vez? Teria sido na própria pré-história?

Enfim, sendo a estatueta em discussão um objeto pertencente a um grupo e não a um único indivíduo, percebe-se a realidade de um compartilhamento da crença em outros mundos e em seres fantásticos entre diversos integrantes deste grupo, afora desempenhar valoroso papel na sua coesão social.

Aliás, a mesma paleontóloga britânica comenta, em um documentário do *History Channel* [113], que uma cultura apta a produzir o homem-leão deveria ter um grau apreciável de prosperidade, pelo simples fato de consentir, a um membro do grupo, no decurso estimado de cerca de 20 dias,[35] a dedicação exclusiva à escultura, ficando dispensado das tarefas de subsistência.[36] Trata-se de um exemplo bastante interessante de valorização da Arte, bem como de seu envolvimento original com o pensamento místico e o sobrenatural.

Haveria, assim, vestígio representativo de alguma forma de religiosidade [116] naquela cultura? Conquanto não se tenha uma resposta a este questionamento, mostra-se, a seguir, que, em numerosos exemplos de arte rupestre, depara-se com uma tendência similar de associar o artístico ao místico.

O homem parece ter propensão para criar mitos e símbolos [117], convertendo, ainda que inconsciente-

---

[35] A estimativa foi efetivada solicitando a um artesão contemporâneo que fizesse uma réplica do homem-leão, dispondo, exclusivamente, de um pedaço de marfim de elefante e de uma ferramenta de pedra semelhante à daquele período, e computando-se o número de horas gasto. Mesmo que o autor da peça original tivesse gasto menos tempo, acredito que isso não invalide a perspicaz conclusão de Jill Cook.

[36] Só em um grupo pré-histórico com características sócio-culturais similares se justificaria alguém consagrar o vasto tempo de cuidados necessário à solidificação de um fêmur quebrado de outro semelhante, desobrigado de incumbências do quotidiano, como se cogitou precedentemente.

mente, objetos ou formas em sinais propícios a emocioná-lo, aos quais está, deste jeito, conferindo uma relevância psicológica. É importante ter discernimento que, na pré-história, mitos (e ritos) não são simplesmente lendas fabulosas, mas um instrumento (um meio) de organização da realidade, fundamentado na experiência sensível enquanto tal [110]. Assim sendo, lhes é justificável atribuir uma significação, tanto no plano afetivo-mágico-religioso quanto no das artes visuais [118].

Figura 20: O *feiticeiro de Gabillou* encontra-se na *caverna Gabillou*, localizada na cidade de Sourzac, departamento de Dordogne, na França. Fonte: *Own work, Creative Commons*, 2007.

Um exemplo bem afamado de figura antropozoomórfica na arte rupestre é o *feiticeiro de Gabillou*, encontrado em uma caverna, adornada com mais de 200 figuras, revelada seguramente entre 1940-41, na região da Dordonha, na França (Figura 20). Esse ser híbrido, bem mais recente que o *Löwenmensch*, data de cerca de 12 mil anos e é considerado, por muitos, uma evidência das primeiras práticas xamânicas do Paleolítico registradas em cavernas. Cabe citar, inclusive, outra figura bizarra, do mesmo período paleolítico superior: uma criatura imaginária que contém traços humanos, uma cabeça de cervídeo, com farta galhada, face de coruja e patas de urso, feita por volta de 13 000 a.C., apelidada como *O Grande Feiticeiro*.

Em um convincente número de cavernas, há indícios patentes de que as alegorias de animais sobre as paredes foram desgastadas como um tipo de figura alvejada. Sim, um alvo! Nessas circunstâncias, há claras marcas que se sobrepõem aos desenhos na rocha, como se tivessem sido atingidos por objetos cortantes ou apedrejados. As identificações de imagens submetidas a esses "ataques" sugerem estar estes atos envoltos em superstição, podendo ser interpretados como uma espécie de encenação mágica,[37] na qual o animal pintado ou esculpido na superfície pétrea desempenha o papel de um dublê, isto é, sua ilustração é entendida como um simples substituto do animal real.[38]

---

[37] Uma outra função admissível dessas imagens seria a de evocar os espíritos dos animais retratados – dos quais significativa parcela oferecia ameaça – com os quais os xamãs interagiriam.

[38] Artefatos humanos do Paleolítico Superior, que abrange o fim do Paleolítico Médio e início do Neolítico (entre 10 000 e 3 000 a.C.), expõem os indícios preliminares de expressão simbólica que remonta a 40 000 anos, embora seja verossímil que tenha sido originado antes.

A título de exemplo preambular, menciono as explorações na gruta parcialmente inundada de Montespan (ou subterrâneo de Hountaou), na França. No próprio artigo que relata seu descobrimento [119], lê-se, em um relato de primeira mão, uma clara descrição desse tipo de "ferimento" nas figuras recém-descobertas:[39]

> Aqueles descobertos em Hountaou, pelo Sr. Norbert Casteret, são menos bonitos, menos bem preservados, mas mais variados e maiores, alguns medindo mais de um metro e meio. Representam: um filhote de urso sem cabeça que nunca teve uma, dois felinos (?), três cavalos. [...] Os corpos dos animais são crivados de golpes profundos de azagaias.

Figura 21: Desenho de um bisão em Montespan coberto de marcas de golpes. Fonte: ref. [120].

---

[39] "Ceux découverts à la Hountaou, par M. Norbert Casteret, sont mois beaux, moins biens conservés, mais plus variés et plus grands, certains mesurant plus d'un mètre cinquante. Ils représentent: un ourson sans tête et n'en ayant jamais eu, deux félins (?), trois chevaux. [...] Les corps des animaux sont criblés de profond coups de sagaies". Traduzido pelo autor.

Na Figura 21, mostra-se um bisão numa parede da gruta de Montespan com os riscos provocados pelos golpeamentos de algum tipo de arma de caça.

Como último exemplo, gostaria de apresentar um testemunho, gravado para a eternidade, do resultado prático de uma "caçada encenada", virtual, cujo registro encontra-se no interior da célebre caverna de Lescaux, na França, de acordo com a reprodução da Figura 22.

Figura 22: Bisão "ferido". Sala dos Touros, caverna de Lascaux, França, 15 000 a.C. Fonte: ref. [121].

Dessa maneira, os frequentadores dessas cavernas, participantes desse tipo de encenação, consideravam ser a "caçada bem-sucedida", no plano pictórico, um bom presságio, ou, pelos menos, criava uma efetiva expectativa de que a caçada real seria, à sua semelhança, um êxito. Uma questão, portanto, ligada à subsistência. Atribui-se, desse modo, uma "veracidade" à representação artística (Figura 23), atrelando-a ao "destino", no aguardo de que o ocorrido com a alegoria do animal se repita com o animal vivo [118], numa inequívoca corroboração da ideia de Rubinger, mencionada anteriormente, do quanto a pintura rupestre é um elo mágico entre aquilo que é fundamental para a sobrevivência do grupo – saciar a fome com o sucesso da caçada, nesse caso – e outras esferas de sua cultura, abrangendo crenças e valores.

Figura 23: Cena de caça ao veado no abrigo Cavalls, Valltorta, Espanha. Fonte: Museo de la Valltorta, Tirig, Espanha.

Sabe-se hoje, graças ao trabalho da arqueóloga franco-brasileira Niège Guidon (n. 1933), em colaboração com Georgette Délibras (1924-2015), pioneira em vários campos de pesquisa envolvendo a técnica de datação com radiocarbono [122], que o *Homo sapiens* chegou ao continente americano antes da última glaciação. Descobertas da década de 1980, baseadas na datação com C^{14}, provenientes do grande abrigo pintado do Boqueirão do

Sítio da Pedra Furada, em plena caatinga, no parque Nacional da Serra da Capivara, Piauí, Brasil, cujas paredes e teto são decorados com um rico conjunto de pinturas pré-históricas, estabelecem que o homem primitivo viveu na América do Sul há pelo menos 32 mil anos [123]. Estudos posteriores, nesse mesmo sítio arqueológico, permitem afirmar que a entrada do *Homo sapiens* no continente americano fez-se em vagas que, saindo de lugares díspares, seguiram distintos caminhos e que as mais antigas devem ter entrado na América entre 150 000 e 100 000 anos atrás [124]. Um número expressivo de datações por C^{14} de amostras diferentes propiciou o estabelecimento de uma coluna crono-estratigráfica que corresponde a depósitos ocorridos no período mais remoto de 59 mil anos até o mais recente de 5 mil anos antes do presente. O material do qual se extraiu a cor ocre utilizada para a pintura nas rochas foi encontrado em estratos datados entre 17 000 e 25 000 anos atrás.

No Brasil, a maioria de registros de arte rupestre é mais recente do que na Europa, datando aproximadamente de 3 mil a 12 mil anos atrás, embora haja registros bem mais antigos, conforme afirmação de Guidon [124]:

> Podemos seguir a evolução desta arte rupestre que, ao longo de cerca de 30 000 anos, mesmo mantendo os mesmos temas, mostra mudanças no que diz respeito às técnicas de desenho e pintura e na forma como dispunham as figuras sobre o suporte rochoso. Tivemos na região duas tradições, Nordeste e Agreste. A primeira apresenta um estilo inicial, Serra da Capivara, cuja característica é a eclosão do movimento, do dinamismo e da encenação esfuziante de alegria e ludismo. O estilo final, Serra Branca, se caracteriza pelos componentes ornamentais, as ves-

timentas e os cocares, que resulta em uma decoração gráfica muito particular que persiste e que contrasta com as características do estilo inicial.

Deixando de lado diferenças finas na cronologia estabelecida pelas técnicas de datação, quero abordar aqui um único aspecto singular do estilo inicial desta arte rupestre brasileira da Serra da Capivara, que o diferencia da tendência da arte praticada em cavernas pelo *Homo sapiens* na Europa, do ponto de vista da semiótica, alusivo diretamente a essa *encenação esfuziante*, captada por Guidon, que me encanta!

Antes, porém, para melhor situar o leitor, cabe ressaltar que há, na pintura rupestre brasileira dessa região, características realmente ímpares. São elas: a enorme diferença na quantidade do que é apropriado chamar de "figuras" ou "desenhos isolados" que se referem às pessoas e as consequências implícitas nessa escolha, discutidas mais adiante. Enquanto este tipo de desenho não supera duas dezenas nos sítios europeus, só na Toca do Boqueirão da Pedra Furada, um dos pontos mais famosos da Serra da Capivara, há cerca de 1 200 pinturas.

Nesse cenário, os desenhos são, em geral, bem mais abstratos, esquemáticos, com pouquíssimos traços, sugerindo maior grau de idealização, incluindo os de animais. As pessoas, em especial, são transformadas em *símbolos* que refletem os integrantes daquela sociedade, em uma vasta quantidade de cenas do quotidiano; notadamente, em situações retratando o convívio social, o ato sexual, o beijo, o parto *etc*. Há, dessa forma, no meu entender, um taxativo reconhecimento plástico da satisfação de poder partilhar aspectos da vida com o outro, um reconhecimento do valor da interação entre humanos. Pictoricamente, a mensagem é a cena. E *o meio* (a parede rochosa da caverna) *é a mensagem* [125]. Lembrando Michel Serres, citado no Preâmbulo, a pedra registra e se lembra. A diferença quanto ao que se encontra na Europa, na mesma época, está na vasta quantidade de representações de facetas da vida daqueles homens, com um intenso viés afetivo, denotando, talvez, uma atitude diferenciada com respeito ao restante do grupo. Em suma, nessas reproduções artísticas, elaboradas com uma marcante delicadeza de sentimentos, é dada ênfase a diversificados atributos essenciais da vida, envoltos por calor humano, o que foge bastante ao padrão da arte rupestre pré-histórica [126].

Seriam essas as primeiríssimas manifestações de um caráter mais expansivo dos habitantes dos trópicos, em relação aos congêneres europeus? Estaria ele ligado ao clima mais ameno próximo ao equador?

Para exemplificar a natureza afetiva dessa pintura, escolhi, pelas forças emotivas que carregam, apenas duas imagens: "O beijo" (Figura 24) e o que chamaria de "O futuro abraço" (Figura 25).

"O beijo", tradicionalmente, é o ícone maior do amor e do desejo, mas também traduz confiança, partilha e entrega. Neste, aqui reproduzido, antevejo, especialmente, pureza, quase pueril. Poderia, perfeitamente bem, retratar o "primeiro beijo", aquele beijo doce que nunca se esquece.

Já "o futuro abraço", além de sugerir uma clara sensação de movimento, transmite, ainda, uma ansiedade

Figura 24: Cena de beijo, talvez o mais antigo registrado pelo homem. Uma das pinturas mais emblemáticas da sítio da Serra da Capivara. Fonte: *Our Work*. Autor: Danilo Curado. *Creative Commons*, 2015.

Figura 25: "O futuro abraço". Sítio arqueológico da Serra da Capivara. Fonte: *Our Work*. Autor: Rocmayer. *Creative Commons*, 2018.

(positiva) em torno do encontro vindouro, representada pelos braços direcionados ao semelhante, desproporcionalmente alongados em relação ao restante do corpo (de ambos), como se, ávidos, quisessem encurtar a distância e chegar prontamente ao seu destino (o outro), antecipando o (mútuo) júbilo pela união, pela harmonia e pelo prazer compartilhado por meio do contato corporal decorrente do abraço, prestes a acontecer. Manifestações excepcionais de felicidade e de afeição pelo próximo! No meu juízo, toda essa *encenação esfuziante* desse período, no interior do Piauí, comentada até aqui, corresponde a uma significativa e bem-vinda mudança de paradigma na arte rupestre, pouco valorizada.

Não em poucos sítios, as inscrições ou pinturas rupestres encontram-se em lugares isolados ou em "câmaras" em locais de difícil acesso. Com qual objetivo? Porventura seria o de preservar aquela magia do olhar comum? Uma magia a associar e identificar, em determinado sentido, o ser vivente à sua imagem. Tipo correlato de conexão mágica implícita na fé segundo a qual é verossímil usar um boneco vodu para alvejar, de algum modo, a pessoa à qual ele representa. O pretenso poderio sobrenatural dissimulado nessas práticas, envolvendo pinturas rupestres retratando animais, supostamente se difundiu e se arraigou no imaginário coletivo, a ponto de se verificar, abrangendo os dias atuais, uma espécie de temor mágico-religioso, compreendendo diversas dessas cavernas, com capacidade até mesmo de impedir a aproximação e o ingresso, nelas, de inúmeros moradores de suas cercanias.

Quanto à perspectiva sócio-cultural da pintura pictórica na arte rupestre pré-histórica, me parece claro, pelo que acaba de ser aludido, a implicação e a aceitação, por uma fração expressiva do grupo partícipe, de um poder xamânico – no qual aquele específico grupo crê e deposita fé – e de uma aprovação pelo compromisso do artista, imbricados e voltados à garantia da subsistência da própria coletividade. É igualmente palpável a construção de um *modus operandi* para a comunicação, que vai além da visual, e a instituição de um rito em torno da sedução mágica de uma arte simbólica.

Em ambas as vertentes, realça-se o papel subjacente da *imaginação* na concepção artística. Na tentativa de analisá-la e compreendê-la, uma vez mais, pode-se recorrer a Bachelard, para quem, reiterando os dizeres da filósofa brasileira Marly Bulcão (n. 1939) [127],

> a imaginação [...] é um caminho através do qual o homem consegue se desprender da vida cotidiana e se lançar numa aventura em direção ao novo, ao imprevisto, ao surreal, permitindo, assim que o homem se eleve espiritualmente. A imaginação impõe-se, portanto, como um caminho de *sobre-humanidade* (p. 12).

Mesmo no exemplo da imagem como um dublê do animal a ser caçado e abatido, Bachelard não diria se tratar apenas de converter a ilustração em um simples substituto do objeto ou do ser-vivo percebido. Há, por trás da inventividade daquela imagem, um devaneio, promissor, fecundante. Fruto de uma inventividade eminentemente criadora, é o *devaneio* – libertador dos sentidos, das lembranças – a conduzir o hominídeo por um insólito mundo, um mundo mágico, evidente nesse exemplo pré-histórico. Em seu *L'eau et les rêves*, ele define deste modo a imaginação[40] [128]:

---

[40] "L'imagination n'est pas, comme le suggère l'étymologie, la

[...] a imaginação não é, como sugere a etimologia, a faculdade de formar imagens da realidade; ela é a faculdade de formar imagens que ultrapassam a realidade, que *glorificam* a realidade.

Essa faculdade é, sobretudo, primordial para a gênese dos signos e símbolos abstratos.

No que se refere à produção artística, em sintonia com José Américo Motta Pessanha (n. 1932), filósofo brasileiro, Bachelard aborda a imaginação pelo enfoque estético, de acordo com o qual a imagem é apreendida não como construção subjetiva sensório-intelectual, mas sim como ocorrência objetiva, integrante de uma imagética, evento de linguagem.[41] Acho particularmente arriscado e receoso se distanciar desse prisma ao se tratar de arte primitiva.

A rigor, Bachelard diferencia dois tipos de imaginação: a *material* (e dinâmica) e a *formal* [130], distinção essa altamente relevante para o tema tratado nesse livro. Em suas próprias palavras[42] [131],

---

faculté de former des images de la réalité; elle est la faculté de former des images qui dépassent la réalité, qui *chantent* la réalité". Traduzido pelo autor do ensaio.

[41] *Cf.* p. xiii da Ref. [129].

[42] "Les forces imaginantes de notre esprit se développent sur deux axes très différents.

Les unes trouvent leur essor devant la nouveauté; elles s'amusent du pittoresque, de la variété, de l'événement inattendu. L'imagination qu'elles animent a toujours un printemps à décrire. Dans la nature, loin de nous, déjà vivantes, elles produisent des fleurs.

Les autres forces imaginantes creusent le fond de l'être; elles veulent trouver dans l'être, à la fois, le primitif et l'éternel. Elles dominent la saison et l'histoire. Dans la nature, en nous et hors de nous, elles produisent des germes; des germes où la forme est enfoncée dans

As forças imaginativas da nossa mente desenvolvem-se em dois eixos muito diferentes. Alguns encontram sua ascensão diante da novidade; elas se aproveitam do pitoresco, da variedade, do acontecimento inesperado. A imaginação que elas animam tem sempre um motivo a ser descrito. Na natureza, longe de nós, já vivas, produzem flores.

As outras forças imaginativas penetram nas profundezas do ser; querem encontrar no ser, ao mesmo tempo, o primitivo e o eterno. Elas dominam a temporada e a história. Na natureza, dentro e fora de nós, elas produzem germes; germes nos quais a forma está incorporada em uma substância, onde a *forma é interna*.

Expressando-nos logo filosoficamente, podemos distinguir duas imaginações: uma imaginação que dá vida à causa formal e uma imaginação que dá vida à causa material ou, mais brevemente, a *imaginação formal* e a *imaginação material*. Estes últimos conceitos, expressos de forma abreviada, parecem-nos essenciais para um estudo filosófico completo da criação poética.

    Naturalmente, não intenciono aqui, de nenhum modo, analisar a inventividade poética na pré-história. Minha intenção resume-se a tentar lançar luz, por um lado, sobre a *imaginação formal*, ligada à *causa formalis*, essencial à produção de ferramentas e outrossim à artís-

---

une substance, où la *forme est interne*.
En s'exprimant tout de suite philosophiquement, on pourrait distinguer deux imaginations: une imagination qui donne vie à la cause formelle et une imagination qui donne vie à la cause matérielle ou, plus brièvement, *l'imagination formelle* et *l'imagination matérielle*. Ces derniers concepts exprimés sous une forme abrégée nous semblent en effet indispensables à une étude philosophique complète de la création poétique". Tradução do autor do ensaio.

tica, como já evocado; por outro, destacar o quanto a interação transformadora, experimentada por várias espécies do gênero *Homo* nas paredes rochosas de numerosas cavernas, da qual resultam ilustrações e petróglifos que adquirem uma especificidade mágica, decorre da *imaginação material*, por meio da qual o mundo é visto como uma provocação concreta e como uma resistência, a solicitar a intervenção ativa e modificadora do homem.[43] Este ponto fica ainda mais claro com a elucidação de André Vinicius Pessôa, professor de Teoria Literária e Literatura Brasileira [130]:

> Centrada no sentido da visão, a imaginação formal resulta no exercício constante da abstração. Algumas de suas características são: a simplificação psicológica, a desmaterialização e a intangibilidade. O homem nesse domínio atua como um mero espectador do mundo que o rodeia. Sua contemplação é ociosa e passiva. O contrário desse formalismo vem a ser a imaginação material e dinâmica, na qual o homem é um ativo interventor da matéria. Sua ação é a de um demiurgo, um artesão, um manipulador, e o seu mundo se converte numa constante provocação concreta e concretizante. Bachelard contrapõe à consagrada filosofia passiva da visão uma filosofia ativa das mãos, a que pertence aos artistas, aos alquimistas, aos obreiros e a todos os que enfrentam a matéria para transformá-la.

A esse esclarecimento, acrescenta-se outro pertinente, de José Américo:[44]

---
[43] *Cf.* p. xv, Ref. [129].
[44] Ver p. xix da Ref. [129].

[A imaginação material] não opera a partir do distanciamento da pura visão, não é contemplativa. Ao contrário, afronta a resistência e as forças do concreto, num corpo-a-corpo com a materialidade do mundo, numa atitude dinâmica e transformadora. Pois outra é a reação da mão. Não da mão ociosa a serviço da visão ociosa, mas da mão operante, instrumento da vontade de poder e da vontade de criar, mão artesã, mão trabalhadora.

Criando, essa mão suplanta o visível, pavimentando o caminho para uma ontologia do fantástico, na concepção da filósofa, poeta e crítica de artes brasileira, Mirian de Carvalho (n. 1943) [132]:

> O objeto criado é mais do que uma coisa visível; é um ser autônomo, pulsante, ritmado. Funda no mundo um *espaço* e um *tempo* inusitados. Tem sentidos só seus. [...]
> O *espaço* e o *tempo* são, nesse processo, seres imagéticos. Neles interagem simultaneamente o ato e o elemento, a mão e a matéria, o instante poético e a espacialidade da poesia.

Consuma-se, em sendo assim, a representação artística de um *espaço-tempo* mítico/sobrenatural, eu diria, criado por uma mão sonhadora, guiada por uma imaginação material dinâmica, que encontra confirmação nos dois exemplos antecipadamente reportados, ocorridos há, pelo menos, 40 mil anos. E quanto aos *naledi*?

Antes, porém, no tocante à mão que imagina e cria, cabe recordar que nosso pintor maior, Candido Portinari (1903-1962), perguntou uma vez ao amigo e fotógrafo brasileiro Flávio Silveira Damm (1928-2020) [133]: – *Você sabe que as mãos também enxergam?*

Parafraseando Vinícius Pessôa, é essa *mão artesã* a mão que trabalha e cria, intervindo na matéria, em busca da felicidade e da liberdade (Figura 26).

Figura 26: Candido Portinari: *Mão*, desenho para transporte, 1938. Fonte: Acervo Projeto Portinari, ref. FCO-1541.

E, nesse cenário, a mão habilitada a enxergar e criar tinha olhos azuis. A essência dessa *praxis* não escapou ao ilustre poeta brasileiro Carlos Drummond de Andrade (1902-1987), quando a imortalizou ao dedicar, a Portinari, alguns dias após sua partida, o poema "A mão" [134], do qual são reproduzidos, a seguir, os trechos inicial e final:

> Entre o cafezal e o sonho
> o garoto pinta uma estrela dourada
> na parede da capela,
> e nada mais resiste à mão pintora.
> A mão cresce e pinta
> o que não é para ser pintado
> mas sofrido.
> [...]

E por assim haver disposto o essencial
deixando o resto aos doutores de Bizâncio,
bruscamente se cala
e voa para nunca-mais
a mão infinita
a mão-de-olhos azuis de Candido Portinari.

Em contrapartida, não de hoje, para um segmento da sociedade, infelizmente, há um descrédito na atividade manual. Richard Sennett (n. 1943), sociólogo norte-americano, por exemplo, afirma [135]:

> A civilização ocidental caracteriza-se por uma arraigada dificuldade de estabelecer ligações entre a cabeça e a mão, de reconhecer e estimular o impulso da perícia artesanal.

Do ponto de vista cognitivo e cultural, com essa atitude cerceadora de um dos dois tipos de imaginação bachelardiana, do que se está abrindo mão? Este é um ponto a se refletir, rememorando nossos ancestrais!

Em resumo, todo o esmero, que imagino ter havido, envolvido no ato de alguém colocar uma ferramenta pertinente ao fazer artístico precisamente na mão inerte do jovem *naledi*, já sem vida, e não em outro lugar arbitrário, como se habilitando-o a desfrutá-la prontamente num mundo imaginário, sugere um reconhecimento tácito e emotivo daquela mão artesã, que interveio na matéria, tentando oferecer felicidade e um sentido para a vida ao seu grupo. Desvela ainda, esta cena bucólica, um duplo sentimento de perda e de pesar, por tudo o quanto a morte apartou da vida real e da arte.

Os *naledi*, não há dúvida para mim, deram materialidade à sua cultura, fragmentos da qual foram eternizados, como memórias gravadas, por intermédio de suas mãos sensíveis e hábeis, e oferecidos como peças de um enorme quebra-cabeça à Humanidade.

Avalizando Cassirer e estendendo seu comentário, previamente mencionado (Capítulo 5), para outra espécie humana, o *Homo naledi* seguramente não viveu sua vida sem expressá-la! Os registros – heranças à posteridade de sua capacidade de exteriorização, por meio de seu fazer artístico, sob a forma figurativa ou simbólica – foram, certamente, feitos à luz tenue do fogo.

Não tendo como desvelar suas motivações e inspirações, quero crer (e isso me basta) que aqueles reflexos luminosos e sombras, projetados em movimento pelo vacilar das chamas nas paredes das escuras cavernas, numa dança aleatória, ajudaram-no a ampliar, contrastar ou mesmo transcender o quotidiano, impactando-o poeticamente, norteando seu devaneio, conferindo, assim, um sentido prático à já citada máxima bachelardiana: "a chama, entre os objetos do mundo que evocam o devaneio, é um dos maiores *operadores de imagens*".

Seria, então, a chama – vista como um inegável eterno convite à introspecção reflexiva – matriz da Arte ou da linguagem simbólica?

Relembrando, a propósito, o excerto de Mirian de Carvalho, reproduzido anteriormente neste Capítulo, me vem à mente que a mesma chama que alumbra a pedra e – como disse Bachelard – «ilustra a solidão do sonhador» – do artista – em paralelo, conspira, como uma espécie de exímio protagonista sobrehumano, para alumiar o instante poético em que mão e matéria concretamente se tocam, ato e elemento interagem, e fundem-se na espacialidade da poesia.

Chego a me imaginar, de cócoras, na penumbra, presenciando de longe essa cena idílica, sentindo o cheiro ardente e resinoso da fumaça exalada das tochas e fogueiras, sob uma abóbada pétrea sombriamente flamejante, nos albores da Arte.

Por fim, no que se refere ainda à Arte, hoje estou metafisicamente convencido de que as mãos do *Homo naledi* enxergavam e se permitiam conduzir livremente por uma *imaginação material*, vencendo a resistência material, amalgamando devaneio e matéria, num processo no qual o criador efetivamente vislubra, por um átimo, «o primitivo e o eterno».

Ao primitivismo do elemento homogêneo e de seu Eu, confere forma, o modifica e a si, como o alquimista se transfaz ao tentar transmutar a matéria [136], e a isso soma-se o legado de sua criação, que se perpetuará, para *al di là* de seu espaço-tempo imagético, no espaço e no tempo físicos, onde a imaginação originária se esvai e é sucedida pelas múltiplas interpretações, como se ganhasse vida autônoma.

Com esse costume, o *Homo naledi* fez, sim, arte, posto que a vida, também para ele, não basta!

7

Do ser humano

Depois de refletir bastante, tomei a decisão de não cair na "armadilha" de entrar aqui formalmente na discussão acadêmica sobre o *humano*. A justificativa dessa escolha reside, por um lado, na intrínseca complexidade do assunto e na convicção de ser improvável lograr, em um capítulo sucinto, traçar qualquer perfil preciso, completo e sem ambiguidades do que é "ser" humano e, por outro lado, foi-me imposta pelo impulso de não me afastar demais do objetivo do ensaio.

A quem esperava mais, me desculpo recomendando a leitura de *O Macaco Nu*, do zoólogo inglês Desmond Morris (n. 1928) [137]. Um texto cativante, no qual o autor esmiuça o ser humano, segundo a óptica da Biologia e da Evolução. Lembre-se, o aprimoramento biológico dos humanos foi, desde sua alvorada, alinhado a sua prosperidade cultural [96]. Assim, sem subterfúgios, Morris discute a biologia e a conduta humanas, tecendo paralelos provocativos entre o *Homo sapiens* e outros primatas. Seu *leitmotif* é a percepção de que só é provável alcançar uma compreensão crítica e judiciosa do

Homo sapiens sapiens, ao lançar um olhar crítico no que concerne às origens da espécie, atentando para os fatores biológicos de seu comportamento. Em minha opinião, ele teve êxito no que se propôs a desenvolver, expondo diversas camadas da cultura e da civilização nas quais, no decorrer do tempo, identificam-se as origens primatas do *Homo sapiens*.

Supostamente valha a pena apontar, por fim, um enfoque alternativo, proposto recentemente por Paulo Dalgalarrondo, psiquiatra brasileiro com formação em antropologia social, o qual se dedica a estabelecer conexões dinâmicas entre as ciências biológicas e sociais, por meio de embates históricos e atuais entre as duas áreas, na perquisição de compreender melhor aquilo que é *especificamente humano* [138].

De toda maneira, inúmeras peculiaridades essenciais do gênero *Homo* já foram apresentadas e comentadas através do ensaio. Preferi ocupar-me, neste penúltimo capítulo, somente de alguns pontos que, apesar de postergados, com a finalidade de não quebrar o ritmo da narrativa, não devem ser desconsiderados em uma argumentação mais ampla acerca do tema aqui examinado, a saber, *o que é "ser" humano?*

Um desses pontos, de caráter mais geral, relaciona-se à constatação de que o Homem construiu tantas e tão variadas concepções a respeito de si mesmo, no decurso da História, a ponto de inviabilizar qualquer tentativa prática de sintetizá-las [139, 140].

Há, no entanto, determinadas interrogações constantemente revisitadas, desde sempre, as quais, dadas suas relevâncias, creio oportuno trazer aqui [96]: – É o homem marcado por sua genuína personalidade ou é ele marcantemente influenciado pela vida em comum, pela sociedade? – É o homem essencialmente bom, como quer o filósofo iluminista genebrino Jean-Jacques Rousseau (1712-1778), ou, conforme tanto se debateu no mundo cristão, traz a "marca de Caim" do pecado capital, da maldade?

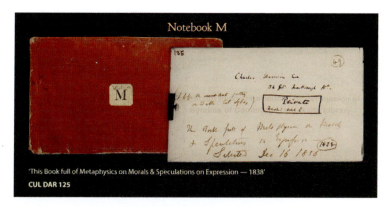

Figura 27: *Notebook M de Darwin.* Fonte: *American Museum of Natural History.*

Charles Darwin (1809-1882), naturalista e biólogo britânico, por exemplo, esboçou uma interessante resposta [141], filosoficamente provocativa, a essa última pergunta, em um de seus *notebooks* (Figura 27) da juventude.[45] Com efeito, em seguida a perceber, com ironia, que *aquele que entender o babuíno faria mais pela metafísica que Locke*,[46] afirma [143]:

---

[45] A questão crucial da existência de um senso moral próprio ao ser humano foi tema de interesse do jovem Darwin, registrado, muitas vezes, em seus *Notebooks*. A este respeito, veja a Ref. [142].

[46] "He who understands baboon <will> would do more toward metaphysics than Locke". Tradução copiada da Ref. [96].

Nossa descendência se encontra na raiz de nossas paixões más!! – O diabo, sob forma de babuíno, é nosso avô.[47]

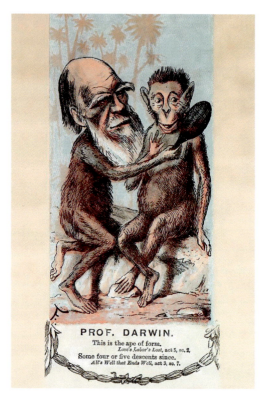

Figura 28: Litografia colorida de Darwin, elaborada pelo caricaturista francês Faustin Betbeder (1847-1914), com duas citações originais de Shakespeare no texto abaixo. Primeira página de o *Figaro*, n. 475, Londres, quarta-feira, 18 de fevereiro de 1874.

---

[47] No original: "Our descent, then, is the origin of our evil passions!! – The Devil under form of Baboon is our grandfather". Tradução transcrita da Ref. [96].

Na caricatura reproduzida na Figura 28, Darwin é retratado tendo um corpo de macaco, dando a impressão de estar alegremente encorajando o jocoso macaco ao seu lado a reconhecer a sua ancestralidade comum, através de um espelho que os conecta, metáfora de seu *On the Origin of Species*, lançado em novembro de 1859.

Outro ponto, a se destacar, tem a ver com a imagem que o homem tem de si mesmo, quando se vê como um ocupante distinto do Mundo, em decorrência da vontade e determinação divina.

Na sociedade medieval, eminentemente teocêntrica, o homem estava convicto, persuadido pelo *princípio da razão suficiente*, de ser um ocupante privilegiado do centro do Universo, posto que, criado à imagem e semelhança de Deus, não poderia ser diferente.

Com o advento da Revolução Copernicana [144], aquele homem se vê, de repente, um ser periférico do Mundo, a contar do momento no qual o astrônomo polonês Nicolau Copérnico (1473-1543) compreende ser o Sol, e não a Terra – habitada de fato e de direito pelo sujeito da Idade Média – a ocupar, imóvel, o centro do Universo, colocando em xeque a unidade da Física Aristotélica, que só vai ser restabelecida, quase um século e meio depois, com o grande físico inglês Isaac Newton (1643-1727) [145].

Sua obra maior, o *De Revolutionibus Orbium Cœlestium* (Figura 29), seguramente, estaria em qualquer lista dos dez livros que tiveram grande influência sobre a Ciência e sobre os homens [146].

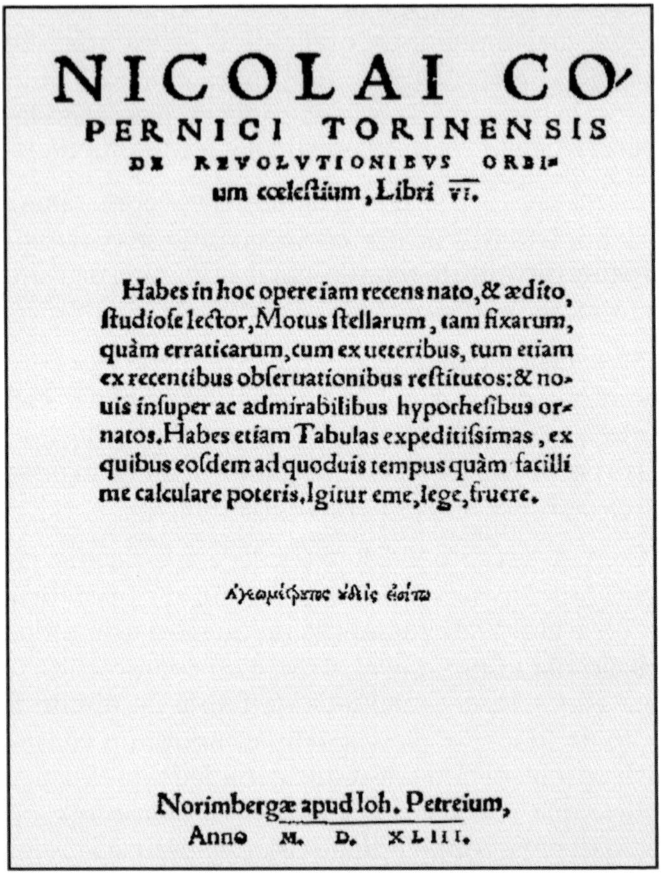

> # NICOLAI CO-
> ## PERNICI TORINENSIS
> ### DE REVOLVTIONIBVS ORBI-
> ### um coelestium, Libri $\overline{VI}$.
>
> Habes in hoc opere iam recens nato, & ædito, studiose lector, Motus stellarum, tam fixarum, quàm erraticarum, cum ex ueteribus, tum etiam ex recentibus obseruationibus restitutos: & no- uis insuper ac admirabilibus hypothesibus or- natos. Habes etiam Tabulas expeditissimas, ex quibus eosdem ad quoduis tempus quàm facilli me calculare poteris. Igitur eme, lege, fruere.
>
> Ἀγεωμέτρητος μηδεὶς εἰσίτω
>
> Norimbergæ apud Ioh. Petreium,
> Anno M. D. XLIII.

Figura 29: Frontispício da principal obra de Copérnico, cuja edição original foi publicado em 1543, na qual se destaca a frase em grego, símile àquela que Platão teria afixado na entrada de sua Academia, interpretada como se diretamente o autor estivesse advertindo de antemão o leitor que a linguagem do livro sobre os Céus é a Geometria.

Consegue-se inferir o impacto dessa publicação de como Alexandre Koyré (1892-1964), historiador da ciência francês, de proveniência russa, com muita propriedade, refere-se a ela [147]:

> O ano de 1543, ano da publicação do *De Revolutionibus orbium cœlestium* e da morte do autor, Nicolau Copérnico, marca uma data importante na história do pensamento humano. Estamos tentados a considerar essa data como significando «o fim da Idade Média e o começo dos tempos modernos», porque, mais que a conquista de Constantinopla pelos turcos ou a descoberta da América por Cristóvão Colombo, ela simboliza o fim de um mundo e o começo de outro.[48]

O Cosmos Medieval não é mais geocêntrico! Destarte, nesse mundo renovado que, para Koyré, se delineia a contar de 1543, identifica-se o primórdio de uma nova Cosmovisão, por meio da qual a percepção do homem sobre si mesmo começa a se degradar. Sua autoestima é fortemente abalada, com enorme impacto sobre o imaginário coletivo da época, causando o que ficou designado, mais tarde, como a primeira das *três feridas narcísicas* de Freud [148].[49] No que concerne os detalhes

---

[48] "L'année 1543, année de l'apparition du *De Revolutionibus orbium cœlestium* et de la mort de son génial auteur, Nicolas Copernic, marque une grande date dans l'histoire de l'humanité.
On pourrait la proposer comme celle «de la fin du moyen âge et du début des temps modernes» puisque, bien plus profondément que la prise de Constantinople par les Turcs ou la découverte de l'Amérique par Christophe Colomb, elle marque la fin d'un monde et la naissance d'un monde nouveau". Traduzido pelo autor do ensaio.

[49] Aforismo cunhado pelo médico neurologista, de origem austríaca, criador da psicanálise, Sigmund Freud (1856-1939), para se referir a certos ferimentos causados ao *ego* humano.

de como a transição da visão de mundo medieval à perspectiva moderna influenciou e moldou a estruturação da mente humana moderna, aconselha-se o clássico livro do filósofo norte-americano John Herman Randall Jr. (1899-1980) [149].

A segunda ferida narcísica se desenvolve pouco depois de decorridos 300 anos da original e é provocada pela Teoria da Evolução de Darwin [150], à medida que abala a crença do homem, que se autodenomina filho de Deus, e derruba a ideia, até então largamente aceita, de uma *providência divina* a guiar todos os detalhes da existência humana. Este homem deixa de ser uma criatura especial, à imagem e semelhança do Pai, para ser fruto do acaso, guia da evolução dos demais seres vivos.

Com esses dois baques em seu ego, o homem do século XIX se aferra à sua *racionalidade*, a qual passa a ter seu *status* ameaçado pelas ideias psicanalíticas freudianas, que se difundem durante o século XX, consoante às quais a consciência é meramente uma parcela das atividades e capacidades psíquicas humanas. O *Eu*, garante Freud, "não é nem mesmo senhor de sua própria casa, mas tem de satisfazer-se com parcas notícias do que se processa inconscientemente em sua psique" [148]. Eis aí a terceira ferida. De que maneira conviver com elas?

Às três antecedentes, acrescentaria uma quarta e derradeira ferida narcísica, exposta pela Cosmologia contemporânea, segundo a qual o homem nada mais é do que *poeira cósmica*. Se compartilhasse desta consciência, e se inclusive restasse ao homem algum apego ao seu amor-próprio ou à sua racionalidade, sua arrogância se teria desvanecido por completo. O astrofísico e divulgador da ciência norte-americano Neil deGrasse Tyson

(n. 1958) explica, nestes termos, em que sentido a expressão *poeira cósmica* está sendo empregada [151]:

> Os átomos de nossos corpos são rastreáveis às estrelas que os manufaturaram em seus núcleos e explodiram estes ingredientes enriquecidos através de nossa galáxia, há bilhões de anos. Por esta razão, estamos biologicamente conectados a todas as outras coisas vivas do mundo. Estamos quimicamente conectados a todas as moléculas na Terra. E estamos atomicamente conectados a todos os átomos do universo. Não somos figurativamente, mas literalmente, poeira de estrela.[50]

Do ponto de vista do atual estágio do progresso científico, como já dito, o homem não deixa de ser tão-somente um conglomerado atômico "a mais" no Cosmos, partícipe da infindável "dança" do Universo. Custoso é fazer esta impensável dimensão, de uma nova e crua realidade, ajustar-se ao seu ego, já tão ferido.

Fortuitamente, tal contrariedade poderia ser encarada como uma porta aberta para uma nova aliança entre Ciência e Humanidade [152], mas parece que a insolência do *Homo sapiens sapiens* o está deixando cego para essa oportunidade tão desafiadora quanto atraente.

A pergunta, agora, é: – Para onde vai esse homem, abandonado por Deus e sem a mesma confiança que ti-

---

[50] "The atoms of our bodies are traceable to stars that manufactured them in their cores and exploded these enriched ingredients across our galaxy, billions of years ago. For this reason, we are biologically connected to every other living thing in the world. We are chemically connected to all molecules on Earth. And we are atomically connected to all atoms in the universe. We are not figuratively, but literally stardust". Traduzido pelo autor do ensaio.

nha na *razão*, como responsável pelas decisões mediante as quais pauta sua vida?

Os humanos, dos pontos de vista existencial e emocional, têm, com frequência, enorme dificuldade (e relutância) de se convencer que são frutos de um processo evolutivo, igualmente aplicável aos demais animais, sem concessões e privilégios, e não mais uma criação divina singular.

De uma perspectiva social contemporânea, imersos em uma *modernidade líquida* [153], não sabem mais hoje quem são, nem aonde vão. Esse vazio existencialista conduz, frequentemente, à *corrosão do caráter* [154, 155], socialmente deletéria e, pelo lado esperançoso, faz com que se renovem as utopias.

Após ponderar sobre o passado evolucionista da espécie humana, é hora de meditar e devanear sobre o futuro. Três possíveis utopias são criticamente analisadas por Francis Wolff (n. 1950), filósofo francês, no livro citado na Ref. [156], o qual ainda não tive oportunidade de ler, mas está incluído na minha lista de próximas leituras, finda essa narrativa.

De qualquer modo, sem utopias, não se consegue ter esperança no futuro da Humanidade!

8

Epílogo

Desde o prólogo do ensaio, deixei claro ser a emoção o fio condutor da narrativa e procurei ser fiel a esta escolha.

Tendo em vista, no entanto, a perspectiva de eventualmente dar continuidade a ele, ou seja, iniciar uma análise mais sistemática e detalhada do tema, com maior rigor científico, é imperativo pautá-la mais amiúde não só na teoria darwiniana da Evolução (Figura 30), bem como não deixar de lado suas críticas e restrições.

Sobre esse ponto específico, estou lendo o provocante livro de César Benjamin (n. 1950), cientista político e editor brasileiro, comprometido a repensar criticamente as ideias de Darwin [157], com uma abordagem bem distinta daquela aqui utilizada, embora com motivações, de fundo, bastante símiles.

Em meio a tantos tópicos merecedores de uma consideração mais profunda, um, em particular, me interessa, à medida em que se concatena justamente com o tema que está sendo abordado aqui.

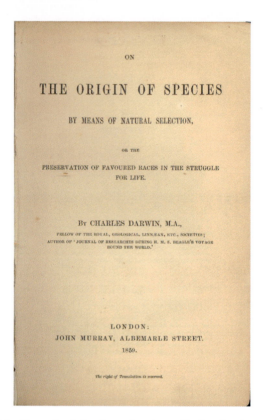

Figura 30: Frontispício da primeira edição de *A origem das espécies*, de Charles Darwin, publicada em 1859.

É a necessidade de se avaliar, outrossim, certas limitações inerentes à Paleontologia, e o impacto delas diretamente sobre a Teoria de Darwin, assunto igualmente tratado por Benjamin. Estando o embrião da trama do ensaio "entre ossos, terra e sonhos", tais limitações importam e, por isso, reproduzo aqui um trecho de seu livro [158] explicitando uma dessas restrições:

> Os estratos geológicos onde há depósitos fósseis significativos são como arquivos que guardam

o passado da vida no planeta. Essa informação é parcial, pois só revela as partes duras dos organismos e de forma sempre incompleta. A imperfeição desse registro é tamanha que a quantidade e a importância das informações obtidas dele são quase milagrosas, só comparáveis ao estudo, em filosofia, dos fragmentos deixados pelos pensadores pré-socráticos [...].

E continua:

A paleontologia precisa ser complementada com informações vindas da diversidade biológica atual, a partir de disciplinas variadas. Fósseis e organismos vivos só podem ser compreendidos quando estudados conjuntamente.

E de que modo essa restrição, em princípio, impacta a teoria da evolução darwiniana? Eis o entendimento desse mesmo autor – com o qual concordo – de uma perspectiva ampla [158]:

Há um desacordo importante entre a teoria de Darwin e o registro fóssil, pois este combina estase [estagnação] duradoura e aparição abrupta de novas espécies, sem formas transicionais, mesmo nos períodos em que os ambientes do planeta experimentavam grandes mudanças. Em vez de aparecerem em um contínuo, com transformações mais ou menos uniformes, as espécies aparecem como entidades prontas, completas, estáveis, que depois desaparecem. Tal predominância do binômio estase-extinção é uma anomalia para uma teoria que afirma que a evolução se dá por mudanças graduais.

Tal esclarecimento, sem dúvida, em minha opinião, é corroborado pela evidenciação da existência do *Homo naledi*. Parecem faltar elos nessa cadeia evolutiva!

Gostaria agora de formular uma última ponderação relativamente à soberba do homem contemporâneo de classificar seus antepassados, de remotos tempos, como seres "selvagens" e "atrasados". Para isso, recorro, mais uma vez, a Lévi-Strauss, pois ele aceita que[51]

> A etnologia não é nem uma ciência à parte, nem uma ciência nova; é a forma mais antiga e mais ampla do que designamos pelo nome de humano.

Outrossim, ele abraça a ideia de que "nenhuma civilização pode pensar em si mesma sem dispor de outras como termo de comparação"[52] e argumenta:

> A única diferença entre a cultura clássica e a etnográfica diz respeito às dimensões do mundo conhecido nas respectivas épocas.

Não havia refletido com calma sobre este ponto de vista, mas admito, ora, depois de relatar essa saga do *Homo naledi*, na tentativa de engendrar paralelos com a do *Homo sapiens*, compreender perfeitamente a acepção dessas palavras do antropólogo franco-belga. Aprendi, ademais, a reconhecer e respeitar mais as diferenças de *Weltanschauung* de culturas tão díspares, uma vez entendido o quanto suas diferenças dependem bem mais da dimensão do mundo, acessível ao discernimento de uma particular cultura, do que verdadeiramente de uma primitividade a ela associada.

Tomei esses pontos como lições ao refletir sobre as implicações das revelações sobre o *Homo naledi* no en-

---

[51] *Cf.* p. 285 da Ref. [108].
[52] Ver p. 286, Ref. [108].

tendimento da Humanidade, naquilo que se convencionou chamar de *humano*, e n'alma do contador de histórias.

O corolário imediato dessa postura, confesso, foi de natureza pessoal e subjetiva em face do diferente. Uma enorme sensação, bem vivaz, de pertencimento, de não estar sozinho, de orgulho de ser humano. Não por estar certo ou convencido do que, afinal, é "ser" humano, mas por partilhar traços sociais, culturais e civilizatórios com raízes se estendendo e se emaranhando numa escala de tempo demasiadamente superior àquela até há pouco concebida, legado esse que trouxe a Humanidade aos dias de hoje, com todos seus prós e contras.

O segundo, consequência direta do estudo aqui reportado, foi adquirir um discernimento mais abrangente, menos arrogante e mais complacente no tocante à pré-História, na qual o conceito de *primitivo* ganhou, para mim, outra acepção.

Enfim, essa história não termina com o tradicional "... *e foram felizes para sempre*". Longe disso, chega a um final inconclusivo, com numerosas interrogações, esperanças, enigmas sem solução, perguntas sem resposta e uma dose de angústia. E, no meu entendimento, nos lega dadas lições a serem aprendidas com humildade.

A primeiríssima delas, fonte da angústia, é que nós, somente nós, considerados os mais evoluídos do gênero *Homo*, somos a única espécie da totalidade do reino animal capaz de, deliberadamente, causar sua própria extinção. Logo, só a nós compete lutar para ceifar essa tenebrosa possibilidade dos horizontes de nossa espécie. Seremos competentes para evoluir nessa direção? A negação não aparenta ser uma boa alternativa!

Sobrevivência é o *minimum minimorum*. Todos têm direito à vida! Mais do que isso, espera-se de uma sociedade desenvolvida que seja igualitária e tenha potencial, vontade e meios de oferecer qualidade e perspectiva de vida a cada cidadão. É imprescindível, portanto, urdir, desde agora, um futuro do qual nossos filhos possam se orgulhar e que, de modo nenhum, os condene meramente a sobreviver ou, pior, os impeça de sonhar.

O ensinamento adicional é que necessitamos viver o melhor possível para honrar nossos ancestrais com suas culturas e heranças, desde os mais longínquos como, em especial, o *Homo naledi*, que vem nos obrigando a reconsiderar as origens do sepultamento, do fogo, da linguagem e da Arte, bem como a adequada definição de *humano*. Somos seus eternos devedores; a rigor, a todos do gênero *Homo*, pelos esforços notáveis, alguns dos quais inimagináveis, que empreenderam, permitindo-nos atingir esse ponto da evolução no qual nos encontramos. Se vamos ter êxito daqui para frente, não sei! Enquanto isso, aguardemos, avidamente, o avanço científico das pesquisas sobre os *naledi*.[53]

Seja como for, desejo encerrar meu relato compartilhando o prazer vivenciado ao redigir este ensaio e ao conseguir narrar essa fascinante história, acalentado, em especial, pela felicidade e pela emoção de me perceber, de múltiplas formas, nela inserido.

Se haverá um *post scriptum* ao livro só o tempo dirá!

---

[53] Uma notícia auspiciosa é que, de acordo com comunicação privada de Agustín Fuentes ao autor do ensaio, em *e-mail* datado de 28 de agosto de 2024, novos resultados envolvendo o *Homo naledi* estão prestes a ser publicados.

Referências Bibliográficas

[1] *Caverna de Ossos*. Documentário norte-americano com direção de Mark Mannucci. Faz parte da série "Explorando o desconhecido", distribuído pela Netflix, a partir de 2023.

[2] Uma versão preliminar e resumida deste ensaio foi publicada na forma de artigo *in:* Francisco Caruso. *Homo Naledi*: raízes e florações do humano. *Cosmos & Contexto*, em 10 de setembro de 2024. Disponível em <https://cosmosecontexto.org.br/homo-naledi-raizes-e-floracoes-do-humano/>. Acesso em 10 de setembro de 2024.

[3] Homem de naledi. <www.atlasvirtual.com.br/homonaledi.htm>. Acesso em 31 de agosto de 2024.

[4] Lee Berger *et al.* *Homo naledi*, a new species of the genus *Homo* from the Dinaledi Chamber, South Africa. *eLife* **4**, e09560, 2015.

[5] Agustin Fuentes; Marc Kissel; Penny Spikins; Keneiloe Molopyane; John Hawks; Lee R. Berger. Burials and engravings in a small-brained hominin, Homo naledi, from the late Pleistocene: contexts and evolutionary implications. *Preprint* bioRxiv: 2023.06.01.543135. Posted June 5, 2023. Disponível em <https://www.biorxiv.org/content/10.1101/2023.06.01.543135v1.article-info>. Acesso em 3 de agosto de 2024.

[6] Robert Foley. *Os humanos antes da humanidade: uma perspectiva evolucionista*. Tradução de Patrícia Queiroz Carvalho Zimbres. São Paulo: Editora Unesp, 1998, p. 52. Mais especificamente sobre o cérebro e a importância do seu tamanho veja pp. 198-207.

[7] M.F. Niésturj. *El Origen del Hombre*. Moscu: Editorial Mir, tercera edición, 1984. Apresenta uma comparação entre os cérebros de humanos e de símios no Capítulo III, p. 183 e segg.

[8] David F. Armstrong & Sterman E. Wilcox. *The Gestual Origin of Language*. Oxford: Oxford University Press, 2007.

[9] Frans de Waal. *O último abraço da matriarca*. Tradução de Pedro Maia. Rio de Janeiro: Zahar, 2021.

[10] Frans de Waal. *Somos inteligentes o bastante para saber quão inteligentes são os animais?* Traduzido por Paulo Geiger. Rio de Janeiro: Zahar, 2021.

[11] Stephen J. Gould. *A Falsa Medida do Homem*. Tradução de Valter Lellis Siqueira. São Paulo: Martins Fontes, 2003.

[12] Imre Lakatos. O falseamento e a metodologia dos programas de pesquisa científica. In: Imre Lakatos & Alan Musgrave (Orgs.). *A crítica e o desenvolvimento da Ciência*. Tradução de Octavio Mendes Cajado. São Paulo: Cultrix, 1979, p. 165.

[13] Imre Lakatos. *La metodología de los programas de investigación científica*. Versión española de Juan Carlos Zapatero. Madrid: Aliança, 1989, p. 230.

[14] Michel Serres. *Narrativas do Humanismo*. Tradução de Caio Meira. Rio de Janeiro: Editora Bertrand Brasil Ltda., 2015, p. 98.

[15] Eliane Strosberg. *Art and Science*. New York: Abbeville Press. 2nd edition, 2013.

[16] Francisco Caruso. Arte e Ciência: dois exemplos singulares de aproximação. *Vitruvian Cogitationes*, Maringá, **2**, n. 1, p. 14-44, 2021.

[17] Francisco Caruso. Arte e Ciência: convergências renascentistas a partir de Giotto. *Revista Ensino em Debate* **3**, e2024018, 2024.

[18] Depoimento reproduzido *in* Bruce Albert & David Kopenawa. *O Espírito da Floresta*. Tradução de Rosa Freire d'Aguiar. São Paulo: Companhia das Letras, 2023.

[19] T. Kivell; A. Deane; M. Tocheri; *et al*. The hand of Homo naledi. *Nature Communication* **6**, 8431 (2015).

[20] Cicero Moraes (Arc-Team) *et alii*. Disponível em <http://arc-team-open-research.blogspot.co.at/2016/11/voi-chascoltate-in-rime-sparse-il-suono.html>, CC BY 4.0, <https://commons.wikimedia.org/w/index.php?curid=53285147>. Acesso em 3 de agosto de 2024.

[21] Jan van Hooff visits chimpanzee "Mama", 59 yrs old and very sick. Emotional meeting. <https://www.youtube.com/watch?v=INa-oOAexno>. Acesso em 10 de julho de 2024.

[22] Robert Foley. *Op. cit.*, p. 51.

[23] A. Ronen. The oldest burials and their significance. *In:* S.C. Reynolds; A. Gallagher (Eds.). *African Genesis: Perspectives on Hominin Evolution.* Cambridge Studies in Biological and Evolutionary Anthropology. Cambridge University Press, pp. 554-570, 2012.

[24] J.H. Harrod. *Two million years of art in human evolution. Homo sapiens sapiens* (Out of Mythic); *Homo neanderthalensis* × *Homo sapiens sapiens.* AH224 Paleolithic Art. London: Spring 2012.

[25] Paul H.G.M. Dirks; Eric M. Roberts; Hannah Hilbert-Wolf; Jan D. Kramers; John Hawks; Anthony Dosseto; Mathieu Duval; Marina Elliott; Mary Evans; Rainer Grün; John Hellstrom; Andy I.R. Herries; Renaud Joannes-Boyau; Tebogo V. Makhubela; Christa J. Placzek; Jessie Robbins; Carl Spandler; Jelle Wiersma; Jon Woodhead; Lee R. Berger. The age of *Homo naledi* and associated sediments in the Rising Star Cave, South Africa. *eLife* **6**:e24231, 2017.

[26] Marine Benoit. Au Synchrotron européen, des chercheurs tentent de faire parler deux énigmatiques hominidés. Disponível em <https://www.sciencesetavenir.fr/archeo-paleo/anthropologie/au-synchrotron-de-grenoble-des-chercheurs-tentent-de-faire-parler-deux-enigmatiques-hominides_161639>. Acesso em 31 de julho de 2024.

[27] Berni Taylor. Rising Star Cave Engravings – Part I: The Underworld, September 2023. Disponível em <http://beforeorion.com/homo-naledi-art-at-the-rising-star-cave-in-south-africa/>. Acesso em 7 de julho de 2024. O número de fotografias das gravações nas paredes da caverna divulgadas nesta publicação é bem maior que no documentário.

[28] Encyclopedia Britannica (*online*). Disponível no *site* <https://www.britannica.com/science/human-evolution>, acessado em 3 de abril de 2024.

[29] J.-J. Hublin; A. Ben-Ncer; S. Bailey *et al.* New fossils from Jebel Irhoud, Morocco and the pan-African origin of *Homo sapiens. Nature* **546**, p. 289–292, 2017.

[30] D. Richter; R. Grün; R. Joannes-Boyau *et al.* The age of the hominin fossils from Jebel Irhoud, Morocco, and the origins of the Middle Stone Age. *Nature* **546**, p. 293–296, 2017.

[31] E. Callaway. Oldest *Homo sapiens* fossil claim rewrites our species' history. *Nature* (2017), disponível em <https://www.nature.com/articles/nature.2017.22114>. Acesso em 7 de julho de 2024.

[32] Kate Wong. The Oldest *Homo sapiens? Scientific American Magazine* **317**, n. 3, September 2017, p. 13-14.

[33] Bernardo Esteves. *Admirável Novo Mundo: uma história da ocupação humana nas Américas*. São Paulo: Companhia das Letras, 2023.

[34] Depoimento extraído do filme de José Mariani (Diretor). *Cientistas Brasileiros: César Lattes e José Leite Lopes*. Rio de Janeiro: Andaluz, 2002. Disponível em <https://www.youtube.com/watch?v=-XnQDYTTJO8>. Acesso em 13 de agosto de 2024.

[35] María Martinón-Torres; Diego Garate; Andy I.R. Herries; Michael D. Petraglia. No scientific evidence that *Homo naledi* buried their dead and produced rock art. *Journal of Human Evolution* 103464. <https://www.sciencedirect.com/science/article/abs/pii/S0047248423001434>. Available online 10 November 2023. Acesso em 26 de julho de 2024.

[36] Veja, por exemplo, Ewen Callaway. Sharp criticism of controversial ancient-human claims tests eLife's revamped peer-review model. *Nature* **620**, 13-14 (2023). Disponível em <https://www.nature.com/articles/d41586-023-02415-w>. Acesso em 20 de agosto de 2024. Agradeço a Roberto Moreira por ter chamado minha atenção para esta referência.

[37] Remy Blumenfeld. How A 15,000-Year-Old Human Bone Could Help You Through The Coronacrisis. *Forbes*, 2020. Disponível *online in:* <https://www.forbes.com/sites/remyblumenfeld/2020/03/21/how-a-15000-year-old-human-bone-could-help-you-through-the-coronavirus/?sh=51760da337e9>. Acesso em 15 de julho de 2024.

[38] Gideon Lasco. Did Margaret Mead Think a Healed Femur Was the Earliest Sign of Civilization? Sapiens – *Anthropology Magazine* (2022), disponível *online in* <https://www.sapiens.org/culture/margaret-mead-femur/> (2022). Acesso em 4 de abril de 2024.

[39] Lee R. Berger *et al*. Evidence for deliberate burial of the dead by *Homo naledi*. <https://elifesciences.org/reviewed-preprints/89106>, 2023. *Link* acessado em 24 de agosto de 2024.

[40] Michael Marshall. As descobertas que mudam o que sabemos da importância do tamanho do cérebro para inteligência humana. BBC Future, s/d. Disponível em <https://www.bbc.com/portuguese/articles/cgl6ylnm206o#:~:text=Na\%20verdade\%eC\%altera\%C3\%A7\%C3\%B5es\%20do\%20diagrama,do\%20c\%C3\%A9rebro\%20n\%C3\%A3o\%20\%C3\%A9\%20tudo<. Acessado em 26 de junho de 2024.

[41] Michael Marshall. Human intelligence: it's how your brain is wired rather than size that matters. BBC Future, 2023. Disponível em <https://www.bbc.com/future/article/20231204-human-intelligence-its-how-your-brain-is-wired-rather-than-size-that-matters>. Acessado em 26 de junho de 2024.

[42] Josh Davis. Claims that *Homo naledi* buried their dead could alter our understanding of human evolution. Natural History Museum, 2023. Disponível em <https://www.nhm.ac.uk/discover/news/2023/june/claims-homo-naledi-buried-their-dead-alter-our-understanding-human-evolution.html>. Acesso em 3 de agosto de 2024.

[43] X.-B. Saintine. *La Mythologie du Rhin*. Paris: Librairie de L. Hachette, 1862.

[44] Gaston Bachelard. *L'Eau et les Rêves*. Paris: Librairie José Corti, 1981, p. 98.

[45] Friedrich Nietzsche. *The Will to Power*, Edited, with Commentary, by Walter Kaufmann, with Facsimilies of the Original Manuscript. New York: Vintage Books, 1968, § 822, p. 435. Disponível *online* em <https://ia803205.us.archive.org/27/items/FriedrichNietzscheTheWillToPower/Friedrich\%20Nietzsche\%20-\%20The\%20Will\%20to\%20Power.pdf>. Acesso em 7 de julho de 2024.

[46] Ferreira Gullar. *Depoimento dado em "A vida não Basta" – trailer*, 2014. Disponível em <https://www.youtube.com/watch?v=zUbU1AFtMmE>. Acesso em 7 de julho de 2024.

[47] Lewis R. Binford. Mortuary Practices: Their Study and Their Potential. *Memoirs of the Society for American Archaeology* **25**, 1971, pp. 6–29. Available at JSTOR, <http://www.jstor.org/stable/25146709>. Accessed 10 July 2024.

[48] Elliot Aronson & Joshua Aronson. *O animal social*. Tradução de Marcello Borges. São Paulo: Goya, 2023.

[49] Michael Tomasello. The ultra-social animal. *European Journal of Social Psychology* **44**, p. 187-194, 2014. Disponível em <https://onlinelibrary.wiley.com/doi/full/10.1002/ejsp.2015>. Acesso em 8 de julho de 2024.

[50] Lucas Torres Dias. Diferentes espécies de animais experienciam luto de forma semelhante a humanos. *Jornal da USP online* (2024). Disponível no *site* <jornal.usp.br/radio-usp/diferentes-especies-de-animais-experienciam-luto-de-forma-semelhante-a-humanos/>. Acesso em 20 de agosto de 2024.

[51] Robert Foley. *Op. cit.*, p. 49.

[52] Richard W. Wrangham; James Holland Jones; Greg Laden; David Pilbeam; NancyLou Conklin-Brittain. The Raw and the Stolen: Cooking and the Ecology of Human Origins. *Current Anthropology* **40**, n. 5, pp. 567-594, 1999.

[53] Roy Lewis. *Por que almocei meu pai*. Tradução de Celso Nogueira. São Paulo: Companhia das Letras, 1995. Neste livro encontra-se uma visão romantizada e bem-humorada sobre esse assunto.

[54] Raymond Lantier. *A vida pré-histórica*. Tradução de Mary Amazonas Leite de Barros. 2ª edição. São Paulo: Difusão Européia do Livro, 1965.

[55] Joseph Cambell com Bill Moyers. *O poder do mito*. São Paulo: Palas Athena, 29ª edição, 2014.

[56] Alberto Mussa. *A origem da espécie: o roubo do fogo e a noção de humanidade*. Rio de Janeiro: Editora Record, 2021.

[57] Francisco Caruso & Adílio Jorge Marques. Comentários sobre as origens filosóficas e implicações do negacionismo. *Araripe – Revista de Filosofia* **4**, n. 1, p. 14-41, 2023.

[58] Gaston Bachelard. *La psychanalyse du feu*. Paris: Éditions Gallimard, 1949, p. 44 e sgg.

[59] Gaston Bachelard. *La flamme d'une chandelle*. Paris: Presses Universitaires de France, 6ème édition, 1980, p. 1.

[60] Gaston Bachelard. *Ibid.*, 1980, p. 13.

[61] Gaston Bachelard. *A psicanálise do fogo*. Tradução de Maria Isabel Braga. Lisboa: Estúdios Cor, 1972, p. 33.

[62] David José Gonçalves Ramos. *Psicanálise da Conquista do Fogo*. Monografia. Belo Horizonte: Faculdade de Ciências Humanas e Filosofia da Universidade Federal de Minas Gerais, 2014. Disponível em www.academia.edu/25612881/Psican\'{a}lise_da_conquista_do_Fogo. Acesso em 8 de abril de 2024.

[63] Gaston Bachelard. *Ibid.*, 1972, p. 36.

[64] Kenneth Oakley. *Man the toolmaker*. London: British Museum (Natural History), 1959.

[65] Wilfrid Le Gros Clark. *Apud* Oakley, *op. cit.*, p. 2.

[66] Lev S. Vygotsky. *A Formação Social da Mente: O Desenvolvimento dos Processos Superiores*. Tradução de José Cipolla Neto, Luis Silveira Menna Barreto e Solange Castro Afeche. São Paulo: Martins Fontes, 1994.

[67] Lev S. Vygotsky. El problema del desarrollo de las funciones psíquicas superiores. *In:* L.S. Vygotsky. *Obras Escogidas: Problemas del desarrollo de la psique.* Traducción de Lydia Kuper. Madrid: Visor, 1995, T. III.

[68] Lee R. Berger; John Hawks; Agustin Fuentes; Dirk van Rooyen; Mathabela Tsikoane; Maropeng Ramalepa; Samuel Nkwe; Keneiloe Molopyane. 241,000 to 335,000 Years Old Rock Engravings Made by *Homo naledi* in the Rising Star Cave system, South Africa. <https://www.biorxiv.org/content/10.1101/2023.06.01.543133v1.full.pdf>, 2023. Acessado em 7 de abril de 2024.

[69] Christopher S. Henshilwood; Francesco d'Errico; Ian Watts. Engraved ochres from the Middle Stone Age levels at Blombos Cave, South Africa. *Journal of Human Evolution* **57**, pp. 27-47, 2009.

[70] M.F. Niésturj. *Op. cit.*, p. 142.

[71] Ernst Cassirer. *Antropologia filosófica.* Traduzido por Vicente Felix de Queiroz. São Paulo: Editora Mestre Jou, 1972, p. 349 e sgg.

[72] Aristotle. Politics. Translated by B. Jowett. *In: The Complete Work of Aristotle.* The revised Oxford translation. Edited by Jonathan Barnes. Princeton, New Jersey: Princeton University Press, volume 2, pp. 1986-2129, 1985.

[73] Ernst Cassirer. *Op. cit.*, p. 349.

[74] Dingyu Chung. The Evolution of Theory of Mind in the Human Evolution. *Journal of Behavioral and Brain Science* **11**, n. 1, January 2021.

[75] Ernst Cassirer. *Op. cit.*, p. 350.

[76] György Lukács. *Estética: A peculiaridade do estético*, volume 1. Tradução de Nélio Schneider. São Paulo: Boitempo, 2023, p. 393-424.

[77] Jan Jelinek. A contribution to the origin of *Homo sapiens sapiens. Journal of Human Evolution* **5**, n. 5. p. 497-500 (1976).

[78] Diogo Mayer. A origem do *Homo sapiens sapiens*: uma questão ainda não esclarecida; *Cadernos de Campo* (São Paulo) **2**, n. 2, p. 124-131 (1991). Disponível no *site* <https://revistas.usp.br/cadernosdecampo/article/view/40309>. Acessado em 21 de agosto de 2024.

[79] Carolina Valdebenito. Definiendo *Homo sapiens sapiens*: aproximación antropológica. *Acta Bioethica* **13**, n. 1 (2007). Disponível no *site* <https://www.scielo.cl/pdf/abioeth/v13n1/art08.pdf>. Acessado em 21 de agosto de 2024.

[80] John Green. *Antropoceno: Notas sobre a Vida na Terra.* Tradução de Alexandre Raposo e Ulisses Teixeira. Rio de Janeiro: Intrínseca, 2021.

[81] Ismar S. Carvalho. *Paleogeografia: cenário da Terra*. Rio de Janeiro: Editora Interciência, 2022. Em particular, veja o Capítulo 9 – Geografia do Fururo: A Ação Antrópica – e outras referências lá citadas sobre o Antropoceno.

[82] Mauro Galetti. *Um naturalista no Antropoceno: um biólogo em busca do selvagem*. São Paulo: Editora Unesp, 2023.

[83] Bruno Latour. *Diante de Gaia: oito conferências sobre a natureza do Antropoceno*. Tradução de Maryalua Meyer. São Paulo/Rio de Janeiro: Ubu Editora/Ateliê de Humanidades Editorial, 2020.

[84] Thomas Wilson. *Prehistoric Art; or the Origin of Art as Manifested in the Works of Prehistoric Man*. Washington: Governement Pronting Office, 1898.

[85] Michael Lorblanchet. The origin of Art. *Diogenes* **54**, n. 2, pp. 98-109, 2007.

[86] Johann Gottffired Herder. *Ensaio sobre a origem da linguagem*. Tradução de José M. Justo. Lisboa: Antígona, 1987.

[87] Daniel L. Everett. *How Language Began. The Story of Humanity's Greatest Invention*. New York: Liveright/Norton, 2017.

[88] Adam Brumm; Adhi Agus Oktaviana; Basran Burhan; Budianto Hakim; Rustan Lebe; Jian-xin Zhao; Priyatno Hadi Sulistyarto; Marlon Ririmasse; Shinatria Adhityatama; Iwan Sumantri; Maxime Aubert. Oldest cave art found in Sulawesi. *Science Advances* **7**, eabd4648, 13 January 2021. Disponível em <https://www.science.org/doi/10.1126/sciadv.abd4648>. Acessado em 21 de agosto de 2024.

[89] C.S. Henshilwood; F. d'Errico; K.L. van Niekerk *et al*. An abstract drawing from the 73,000-year-old levels at Blombos Cave, South Africa. *Nature* **562**, 115–118 (2018). Disponível em <doi.org/10.1038/s41586-018-0514-3>. Acessado em 21 de agosto de 2024.

[90] James Ashwor. *Oldest evidence of Homo sapiens in northern Europe discovered*. Natural History Museum, first published 31 January 2024 and available in <www.nhm.ac.uk/discover/news/2024/january/oldest-evidence-homo-sapiens-northern-europe-discovered.html>. Acessado em 7 de julho de 2024.

[91] Patrick D'Arcy. What the mysterious symbols made by early humans can teach us about how we evolved. Available at <https://ideas.ted.com/what-the-mysterious-symbols-made-by-early-humans-can-teach-us-about-how-we-evolved/>, Jun 7, 2017. Accessed July 15, 2024.

[92] Genevieve Von Petzinger. *The First Signs: Unlocking the Mysteries of the World's Oldest Symbols*. New York: Atria Books, 2017.

[93] Chris Stringer. Are Neanderthals the same species as us? Natural History Museum. Available at the site <http://www.nhm.ac.uk/discover/are-neanderthals-same-species-as-us.html>. Accessed August 21, 2024.

[94] Steven Roger Fisher. *A História da Escrita*. Tradução de Mima Pinsky. São Paulo: UNESP, 2009.

[95] Matthias Koops. *Historical account of the substances which have been used to describe events and to convey ideas from the earliest date to the invention of paper*. London: Jaques & Co., 1801.

[96] Francisco Caruso & Roberto Moreira Xavier de Araújo. *O livro, o espaço e a natureza: ensaio sobre a leitura do mundo, as mutações da cultura e do sujeito*. São Paulo: Livraria da Física, 2ª edição, 2020.

[97] Sobre os registros primitivos do homem veja o Capítulo 1 do livro de Douglas C. McMurtrie. *O Livro*. Segunda edição, com tradução de Maria Luísa Saavedra Machado. Lisboa: Fundação Calouste Gulbenkian, 1982.

[98] Olivier Keller. Préhistoire de la Géométrie: Premiers éléments d'enquête, premières conclusions. *Science et Techniques en Perspective* **33**, Nantes: Université de Nantes, 1995.

[99] Olivier Keller. Questions ethnographiques et mathématiques de la préhistoire. *Revue de Synthèse*, 4e S., **4**, oct.-déc. 1998, p. 545-573.

[100] Olivier Keller. Éléments pour une préhistoire de la géométrie. *L'Anthropologie* **105**, p. 327-349, 2001.

[101] Olivier Keller. Elements of a Prehistory of Geometry. *Proceedings of HPM2004 & ESU4* – ICME10 Satellite Meeting of the HPM Group: International Study Group on the Relations between the History and Pedagogy of Mathematics & the Fourth European Summer University, History and Epistemology in Mathematics Education, Edited by Fulvia Furinghetti, Sten Kaijer and Constantinos Tzanakis, 2004, p. 82-98. Available at <https://www.mathunion.org/fileadmin/ICMI/docs/HPM2004Proceedings.pdf>. Acesso 6 de julho de 2024.

[102] Olivier Keller. *La Figure et le monde: Une archéologie de la géométrie. Peuples paysans sans écriture et premières civilisations*. Paris: Vuibert, 2006.

[103] Jean Hourup. Préhistoire de la Géométrie: Premiers éléments d'enquête, premières conclusions by Olivier Keller. *Isis* **87**, p. 713-714, 1996.

[104] Genevieve Von Petzinger. *Op. cit.*, Chapter 11, p. 160 e segs.

[105] Immanuel Kant. *A Crítica da Razão Pura*. Tradução de Manuel Pinto dos Santos e Alexandre Fradique Morujão. Lisboa: Fundação Calouste Gulbenkian, 2ª edição, 1989.

[106] Stanford Encyclopedia fo Philosophy. *Kant's Philosophy of Mathematics*. Disponível no *site* <https://plato.stanford.edu/entries/kant-mathematics/#KanCriMat>. Acesso em 8 de lulho de 2024.

[107] Edmund Husserl. *L'origine de la Géométrie*. Traduction et introduction de Jacques Derrida. Paris: Presses Universitaires de France, 1962.

[108] Claude Lévi-Strauss. *Antropologia estrutural dois*. Tradução de Beatriz Perrone-Moisés. São Paulo: Ubu Editora, 2017.

[109] Claude Lévi-Strauss. *As estruturas elementares do parentesco*. Tradução de Mariano Ferreira. Petrópolis: Editora Vozes, 1982.

[110] Claude Lévi-Strauss. *O pensamento selvagem*. Tradução de Tânia Pellegrini. 12ª edição, Campinas, SP: Papirus Editora, 2012.

[111] Eduardo Viveiro de Castro. O pensamento em estado selvagem do pensamento científico. *ConCiência*, Campinas, **46**, janeiro de 2011. Disponível em <comciencia.scielo.br/scielo.php?script=sci_arttext&pid=S1519-76542009000400013&lng=e&nrm=iso#:~:text=O\%20\%22pensamento\%20selvagem\%22\%20n\%C3\%A3o\%20\%C3\%A9,da\%20obten\%C3\%A7\%C3\%A3o\%20de\%20um\%20rendimento.>, acessado em 13 de julho de 2024.

[112] Marcos Magalhães Rubinger. *Pintura rupestre: algo mais do que arte pré-histórica*. Belo Horizonte: Interlivros, 1979.

[113] Tesouros Arqueológicos 1. Disponível em <https://www.youtube.com/watch?v=grzFJ-B73d0>. Acesso em 16 de julho de 2024.

[114] R. Dalton. Lion man takes pride of place as oldest statue. *Nature*, 2003. Disponível em <https://doi.org/10.1038/news030901-6>. Acesso em 15 de julho de 2024.

[115] Jill Cook. Depoimento. <https://pt.khanacademy.org/humanities/prehistoric-art/paleolithic/paleolithic-objects/v/living-with-gods-the-40000-year-old-lion-man>. Acesso em 15 de julho de 2024.

[116] David Lewis-Williams. *Conceiving God: The Cognitive Origin and Evolution of Religion*. London: Thames & Hudson 2010.

[117] Carl G. Jung (Org.). *O homem e seus símbolos*. Tradução de Maria Lúcia Pinho. Edição especial brasileira, 11ª edição. Rio de Janeiro: Editora Nova Fronteira, 1992.

[118] Aniela Jaffé. O simbolismo nas artes plásticas. *In: O homem e seus símbolos, op. cit.*, p. 230-271, 1992.

[119] Henri Begouen. Découvertes préhistorique faites dans le grotte de Montespan. *Comptes Rendus des séances de l'Académie des Inscriptions et Belles-Lettres* **4**, p. 349-350, 1923.

[120] <https://www.uf.phil.fau.de/abteilungen/aeltere-urgeschichte/projekte-der-aelteren-urgeschichte/forschungsstelle-felsbildarchaeologie-ffba/abgeschlossene-projekte-der-ffba/die_sammlung_wendel/bilderhoehlen-26-montespan/>. Acessado em 31 de agosto de 2024.

[121] <https://linhadotempohistoriadaarte.weebly.com/preacute-histoacuteria.html>. Acesso em 31 de agosto de 2024.

[122] Para uma explicação didática do processo físico em questão, veja a Seção "Datação radiológica", do Capítulo 9 ("A Radioatividade") do livro de Francisco Caruso & Vitor Oguri. *Física Moderna: Origens Clássicas e Fundamentos Quânticos*. 2ª edição. Rio de Janeiro: LTC, 2016, p. 286-288.

[123] Niède Guidon; Georgette Délibrias. Carbon-14 dates point to man in the Americas 32,000 years ago. *Nature* **321**, 769-771, 1986.

[124] Niède Guidon. Arqueologia da região do Parque Nacional Serra da Capivara – Sudeste do Piauí. *ConCiência*, Campinas, 2017. Disponível em <https://www.comciencia.br/dossies-1-72/reportagens/arqueologia/arq10.shtml>. Acessado em 23 de agosto de 2024.

[125] Marshall McLuhan. *Os meios de comunicação como extensões do homem*. Tradução de Décio Pignatari. São Paulo: Editora Cultrix, Capítulo 1, 2007.

[126] Leia mais em: Ingrid Luisa. Serra da Capivara: um paraíso (quase) escondido. *Super Interessante*, 2019. Disponível em <https://super.abril.com.br/especiais/um-paraiso-quase-escondido>. Acessado em 31 de agosto de 2024.

[127] Marly Bulcão. Bachelard: a noção de imaginação. *Revista Reflexão*, Campinas, n. **83/84**, p. 11-14, jan./dez., 2003.

[128] Gaston Bachelard. *L'Eau et les Rêves. Op. cit.*, 1981, p. 23.

[129] José Américo Motta Pessanha. Bachelard: as asas da imaginação. *In:* Gaston Bachelard. *O direito de sonhar*. Tradução de José Américo Motta Pessanha e outros. São Paulo: Difel, 1986.

[130] André Vinicius Pessôa. Gaston Bachelard e a imaginação material e dinâmica. *Atas do XI Congresso Internacional da ABRALIC – Tessituras, Interações, Convergências*, realizado na USP, São Paulo, de 13 a 17 de julho de 2008. Disponível em <https://abralic.org.br/eventos/cong2008/AnaisOnline/simposios/pdf/044/ANDRE_PESSOA.pdf>. Acesso em 7 de julho de 2024.

[131] Gaston Bachelard. *Ibid.*, 1981, p. 1-2.

[132] Mirian de Carvalho. O que é Gravura: um estudo sobre o trabalho da mão sonhadora. In: Heloísa Pires Ferreira & Maria Luiza Luz Távora (Orgs.). *Gravura Brasileira Hoje. Depoimentos.* Rio de Janeiro: Sesc, p. 116, 1995.

[133] Flávio Damm. Depoimento em um trecho do Programa "Mundo da Fotografia". Disponível em <https://www.youtube.com/watch?v=_y_4sTu5rs4>, 2007. Acesso em 7 de julho de 2024.

[134] Carlos Drummond de Andrade. *Nova Reunião: 23 livros de poesia.* São Paulo: Companhia da Letras, 2015, p. 344-5.

[135] Richard Sennett. *O Artífice.* Tradução de Clóvis Marques. Rio de Janeiro & São Paulo: Editora Record, 2009, p. 20.

[136] Carl Gustav Jung. *Psicologia e Alquimia*, volume XII das *Obras Completas*. Tradução de Maria Luiza Appy; Margaret Makray; Dora Mariana Ribeiro Ferreira da Silva. Petrópolis: Editora Vozes, 2012.

[137] Desmond Morris. *O Macaco Nu.* Tradução de Hermano Neves. São Paulo: Círculo do Livro, 1967.

[138] Paulo Dalgalarrondo. *Sobre o que é especificamente Humano: Debates históricos e atuais entre ciências humanas, humanidades e ciências biológicas.* Porto Alegre: Penso, 2024.

[139] Francis Wolff. *Nossa humanidade de Aristóteles às neurociências.* Tradução de Roberto Leal Ferreira. São Paulo: Editora da UNESP, 2012.

[140] Leslie Stevenson; David I. Haberman. *Dez teorias da natureza humana.* Tradução de Adail Ubirajara Sobral. São Paulo: Livraria Martins Fontes Editora, 2005.

[141] American Museum of Natural History. London Years: Darwin's scientific manuscripts in the aftermath of the Beagle voyage. Veja www.amnh.org/our-research/darwin-manuscripts-project/edited-manuscripts/darwin-s-evolution-papers/creating-the-origin/london-years/, acessado em 3 de agosto de 2024.

[142] Palmira Fontes da Costa. In the intimacy of thought: Darwin's notebooks on the moral sense of man. *Antropologia Portuguesa* **26-27**, 2009-2010, p. 137-147.

[143] Charles Darwin. *Charles Darwin's Notebooks, 1836-1844*. Geology, Transmutation of Species, Metaphysical Enquires. Transcribed and edited by Paul H. Barret, Peter J. Gautrey, Sandra Herbert, David Kohn & Sidney Smith. Cambridge: Cambridge University Press and British Museum (Natural History), 1987. Notebook M: 84e, p. 539.

[144] Thomas Kuhn. *A Revolução Copernicana: A Astronomia Planetária no Desenvolvimento do Pensamento Ocidental*. Tradução de Marília Costa Fontes. Lisboa: Edições 70, 2017.

[145] Francisco Caruso & Vitor Oguri. *Física Moderna: Origens Clássicas e Fundamentos Quânticos*. 2ª edição. Rio de Janeiro: LTC, 2016.

[146] Francisco Caruso. Por que um livro de Copérnico vale mais de 2 milhões de dólares? *Revista Eletrônica do Vestibular UERJ*, Ano 1, n. 1, 2008. Disponível no site <https://www.revista.vestibular.uerj.br/artigo/artigo.php?seq_artigo=3>. Acesso em 31 de julho de 2024.

[147] Alexandre Koyré. *La Revolution Astronomique*. Paris: Hermann, 1961, p. 15.

[148] Sigmund Freud. *Obras Completas*, volume 13. Conferências Introdutórias à Psicanálise (1916-1917), Terceira Parte: Teoria Geral das Neuroses (1917). Tradução de Sergio Tellaroli. Primeira edição. São Paulo: Companhia das Letras, 2014, p. 380-381.

[149] John Herman Randell Jr. *The Making of the Modern Mind*. New York: Columbia University Press, 1976.

[150] Charles Darwin. *On the Origin of Species by Means of Natural Selection, or the Preservation of Favoured Races in the Struggle for Life*. London: John Murray, 1859. Só a partir da sexta edição a obra teve seu título resumido para apenas *A Origem das Espécies*. Há uma edição brasileira de luxo, contendo a tradução integral do texto original sem corte, com tradução de Daniel Moreira Miranda, publicada em São Paulo, pela EDIPRO, em 2018.

[151] Neil deGrasse Tyson. Disponível em <https://www.thedailyshifts.com/blog/the-best-neil-degrasse-tyson-quotes-to-increase-brainpower>. Acesso em 3 de agosto de 2024.

[152] Ilya Prigogine & Isabelle Stengers. *A nova aliança: metamorfose da ciência*. Tradução brasileira de Miguel Faria e Maria Joaquina Machado Trincheira. Brasília: Editora da Universidade de Brasília, 1991.

[153] Zygmunt Bauman. *Modernidade Líquida*. Traduzido por Plínio Dentzien. Rio de Janeiro: Jorge Zahar Editor, 2001.

[154] Richard Sennett. *A corrosão do caráter*. Tradução de Marcos Santarrita. Rio de Janeiro: Ed. Record, 10ª edição, 2005.

[155] Francisco Caruso. A corrosão do caráter... e da escola. *Ciência e Sociedade* CS-001/010, junho de 2010.

[156] Francis Wolff. *Três utopias contemporâneas*. Tradução de Mariana Echalar. São Paulo: Editora UNESP, 2018.

[157] César Benjamin. *Além de Darwin: Ensaio sobre Ciência e Vida*. Rio de Janeiro: Contraponto, 2024.

[158] César Benjamin. *Op. cit.*, p. 101-102.

Posfácio

Aqui, nesse belo ensaio, se narra a história da construção do ser humano à procura de suas remotas raízes. Esta é uma viagem do Mito à Ciência, pelos acidentados caminhos da Razão, da Arte e da Poesia, essa forma original, fundadora e profunda do conhecimento do Mundo e do pulsar da Vida.

O primeiro ser humano caminha sobre a Terra. Quem é? Que destino imagina para si?

No início, o gesto; depois, a fala. A mão liberta, criadora de Universos, gestos, esperanças; a fala, que faz surgir novas imagens, ilumina e promove a descoberta e a invenção da linguagem do Mundo. Assim se inicia a aventura humana, que organiza e dá sentido à Vida e à própria humanidade. A vida, ou melhor, a existência – esse tecido sutil de riscos e narrativas – se constrói entre diálogos e indagações que, pouco a pouco, revelam, em seus meandros, o significado do humano. São palavras e gestos que se organizam na fala, matriz da consciência (humana) de si. A primeira manifestação clara dessa consciência de si é mitopoética: O ser humano é o espelho do Universo. O nascimento da linguagem, articulada em gramática, é o reflexo da organização do Universo. *Logos* e *Kosmos*, indissociáveis, fazem brotar, diante do olhar e do espanto do ser humano, a primeira ideia de *Physis*, ou *Natura*, em estado puro, brilhante e nascente. Está aberto o caminho para a inteligibilidade do Mundo e a consciência de si.

As palavras nascem com as coisas. Surgem a *Psyché* e o *Kosmos*, antítese do *Caos*. O *Kosmos* vive, ganha corpo e se realiza no devir, manifestação explícita do Tempo, esse escultor da Vida e da Realidade.

Seria a consciência de si o traço definidor do ser humano? Mão e fala, natureza e imaginário humano: espelhos e faces do Universo que se revelam ao olhar inquieto do ser humano. *Physis, Logos* e *Kosmos*.

O encontro da mão inquieta, da pedra amorfa e da imaginação viva nos deu a primeira ferramenta, o instrumento de transformação da Realidade.

O imaginário humano, sob o impacto do espanto, percorre os labirintos da dúvida e recria as indagações primeiras e pergunta sobre sua história, a partir dos tênues e raros registros do passado: fragmentos de ossos, pedras trabalhadas, riscos.

Instrumento, da raiz indo-europeia *str*, a mesma de estrela, que vive, brilha no firmamento e nos faz sonhar, de estrutura, sugerida pela ordem cósmica, de construir, o impulso que nos move, de instruir, o que resulta do diálogo vivo... Estariam o instrumento e o trabalho da mão na origem do diálogo e da imaginação, da construção poética do Mundo e, em última instância, da consciência de si, essa terrível experiência que nos assombra?

Esse livro foi escrito sob o impacto da descoberta recente de traços da passagem pela Terra do *Homo naledi* e da extraordinária aventura desse ser hominídeo, cujo lugar exato na árvore da vida ainda é objeto de discussão. Seria, como nosso "avô", antepassado direto, ou membro de um ramo colateral, nosso "primo"?

A pergunta original, matriz de indagações fundamentais sobre o ser humano, tem sido: Qual a origem do ser humano? De onde viemos?

Agora, diante da complexidade da história da vida, essa pergunta ganha novas ressonâncias: de onde vieram os hominídeos? Serão, todos, nossos antepassados? A realidade e as dúvidas se renovam e se enriquecem. O imaginário humano, sob o impacto do espanto, percorre os labirintos da dúvida e recria a História. É esse trajeto da criatividade humana diante de fragmentos de ossos e outros traços da presença humana, que refletem nossa perplexidade, que Francisco Caruso, cientista e poeta, refaz e reproduz neste livro sutil e inspirado. Teria o *Homo naledi*, ao percorrer os labirintos da caverna, repensado a vida e o mundo e povoado seu imaginário de novos significados de Arte e Poesia?

A resposta a essa extraordinária pergunta terá forte impacto no significado que devemos atribuir à expressão "ser humano".

Tentar definir o ser humano é aprisioná-lo a determinados limites. Mas os humanos nasceram para a liberdade e o contato com o infinito e o sublime.

Houve criação e Arte entre os *naledi*, ou apenas o gesto inicial, sua raiz remota? Teria, o *naledi*, tocado o sublime com a criação de poesia e mitos? Residiria, nesse gesto, a essência humana?

    Procurar a essência do ser humano é uma utopia e, portanto, um empreendimento hipnótico, fascinante e sem fim. Se isso é verdade, cabe a pergunta: Qual o sentido dessa procura? A resposta se revela clara como o nascer do Sol: a procura de nossas origens é um empreendimento motriz, como a Arte e a Ciência, que nos permite viver a Vida, caminhar e tangenciar o infinito. Como ensinou o poeta: *caminhante, não há caminho, o caminho se faz ao caminhar*. Caminhemos, guiados pelo olhar de Francisco Caruso, poeta e cientista, tecelão de contos e histórias.

    A verdade sobre a essência do ser humano é fugaz. Alcançá-la seria como contemplar o infinito. Caruso sabe disso, por isso nos guia, com mão segura, pelos labirintos do nosso imaginário, espelho das cavernas em que, iluminado pelo fogo original, sonhou o *Homo naledi*.

Roberto Moreira Xavier de Araújo
Físico, Centro Brasileiro de Pesquisas Físicas

Rio de Janeiro, 2 de setembro de 2024